▲ 1964 年 10 月，《将军的火枪手》
在科尔多瓦 (阿根廷)。

▶ 1966 年 8 月，戴高乐将军与诺罗
敦·西哈努克在金边 (柬埔寨)。

▲ 1973 年 9 月 12 日，毛泽东在北京会见乔治·蓬皮杜。

▼ 1973 年 9 月 12 日，周恩来与乔治·蓬皮杜。

▲ 1976 年 10 月，伊朗国王穆罕默德·礼萨·巴列维欢迎瓦雷里·吉斯卡尔·德斯坦访问伊朗。

▲ 1981 年 2 月，弗朗索瓦·密特朗、加斯东·德费尔、利昂内尔·若斯潘、让 - 马里·冈巴塞雷斯在北京（中国）。

▲ 1981 年 2 月，邓小平在北京会见弗朗索瓦·密特朗（中国）。

▲ 1981 年 2 月，金日成在平壤会见弗朗索瓦·密特朗（朝鲜）。

▲ 1983 年 5 月，弗朗索瓦·密特朗在天安门广场毛泽东纪念堂前（中国）。

▲ 2001 年 9 月 19 日，雅克·希拉克俯瞰美国纽约世贸大厦遗址。

▲ 2006 年 11 月 20 日，雅克·希拉克总统在爱丽舍宫设宴款待柬埔寨国王诺罗敦·西哈莫尼，让 - 马里·冈巴塞雷斯向国王行合十礼。

▲ 2010 年 12 月 5 日，尼古拉·萨科齐与妻子卡拉·布吕尼在泰姬陵（印度）。

▲ 2013 年 2 月 2 日，弗朗索瓦·奥朗德在通布图（马里）。

▲ 2014 年 2 月 11 日，奥巴马夫妇在白宫欢迎弗朗索瓦·奥朗德访美。

▼ 2014 年 12 月 6 日，弗朗索瓦·奥朗德与哈萨克斯坦努尔银行行长埃尔达·萨尔谢诺夫在哈萨克斯坦（阿拉木图）。

▼ 总统专机的餐厅。

▲ 2014 年 12 月 5 日，总统专机在哈萨克斯坦首都阿斯塔纳。

总统出访秘闻

从戴高乐将军到弗朗索瓦·奥朗德

［法］让－马里·冈巴塞雷斯　著

钱培鑫　译

上海远东出版社

图书在版编目（CIP）数据

总统出访秘闻：从戴高乐将军到弗朗索瓦·奥朗德 /
（法）让－马里·冈巴塞雷斯著，钱培鑫译 .—上海：上海远东
出版社，2019

ISBN 978-7-5476-1487-7

Ⅰ.①总… Ⅱ.①让… ②钱… Ⅲ.①外交史－史料－法国
Ⅳ.① D856.59

中国版本图书馆 CIP 数据核字（2019）第 135539 号

图字：09-2016-220

责任编辑　　贺　寅
封面设计　　贺　寅

总统出访秘闻

从戴高乐将军到弗朗索瓦·奥朗德

［法］让－马里·冈巴塞雷斯　　著

钱培鑫　　译

出　　版　**上海遠東出版社**
　　　　　（200235　中国上海市钦州南路 81 号）
发　　行　上海人民出版社发行中心
印　　刷　上海锦佳印刷有限公司
开　　本　710×1000　1/16
印　　张　11.75
插　　页　5
字　　数　220,000
版　　次　2019 年 11 月第 1 版
印　　次　2019 年 11 月第 1 次印刷
ISBN 978-7-5476-1487-7/K·179
定　　价　68.00 元

导言

1982 年 2 月，我作为社会党亚洲事务负责人，在总统竞选期间，组织了弗朗索瓦·密特朗对中国和朝鲜的访问。那次朝鲜之行在很长时间内不为外人所知。弗朗索瓦·密特朗此时还不是共和国总统，"只不过是"总统大选的候选人而已，但他却受到了国家元首般的接待。不是说接待仪式有多么隆重，而是他见到了要人，尤其是邓小平和金日成这两位国家领导人。我负责全程协调，所以当时就发现，组织这类出访是很复杂的：制定出访计划，安排翻译，准备礼品，后勤保障，拟定讲稿以及各种情况简报等。

1983 年 5 月，弗朗索瓦·密特朗请我作为"总统特邀嘉宾"，陪他出访中国和尼泊尔。这是一次完全意义上的国事访问，因为那是由礼宾司出面组织、动用总统专机的国家元首出访。法国总统当然会见了中国最高领导人邓小平和尼泊尔国王，在两国受到与"国事"访问同等规格的全部礼遇。不过有的时候，即使满足上述的全部条件，国家元首造访他国、会见该国领袖，也称不上"国事"访问，而只能称为国家元首的"正式"访问。就访问的过程而言，两者的区别有时候很小。

1990 年 7 月，我陪同总理米歇尔·罗卡尔访问日本。我当时身为国民议会议员、财政委员会外交预算特别报告人。米歇尔·罗卡尔没有见到日本天皇，只会见了日本首相。到了1998 年 9 月，利昂内尔·若斯潘总理请我随同他访问中国，身份是"总理特邀嘉宾"。他倒是见到了当时的中国国家主席江泽民和中国总理朱镕基。那两次出访均由外交部礼宾司组织，但不属于国事访问，尽管其中一次见到了国家元首，因为那是总理而不是总统出访，属于政府首脑的正式访问。

我还多次陪同法国政府部长以及法兰西共和国重要人士——比如国民议会议长路易·梅尔马兹——正式出国访问。那也算不上国事访问，因为不是总统出访，跟总理出访也不一样，不是奥赛滨河街[1]礼宾司组织的。

我跟朋友或学生[2]说到这些事情，尤其在给他们描述这些出访所动用的人力、物力，以及细致入微的组织工作的时候，我常常发现他们不但混淆法国重要人士出访的规格，而且如此兴师动众、那么多人陪总统出访，也让他们不胜惊讶，甚至有人怀疑这样做的意义。

于是，我萌发了搜集总统出访信息资料的想法。不分国事访问或正式访问，也不分工作访问或"特别"访问、双边或多边访问，把重点放在描述总统出访的目的、出访的准备工作、完成出访所需要的资源以及出访的过程上。

抱着这些想法，我先给学生开了一门课，很快又想到写书，除了讲解、阐述，还围绕几次重要的总统出访，插入一些史料，加上我本人或者亲历者们的回忆。萨科齐担任总统期间，我无缘完成这项计划。弗朗索瓦·奥朗德当选共和国总统之后，我立马决定激活这个设想。

我跟总统本人谈了自己的打算，还见了总统办公厅主任西尔维·于巴克[3]。爱丽舍宫为我开了绿灯，允许我接触相关人士和查阅档案文献。从 2012 年第四季度开始，我见到礼宾官洛朗·斯特凡尼尼，我以前就认识他。我后来还去过坐落在

---

1 奥赛滨河街——或者干脆称滨河街——为外交界的习惯用语，代指法国外交部。外交部主要建筑及部长办公室均坐落于此。

2 我曾经在勒阿弗尔大学国际事务系，给硕士一年级学生开过数年的"亚洲空间入门课"，目前在巴黎的高等外贸学校（ESCP）授课。

3 西尔维·于巴克是我在法国国家行政学院伏尔泰届的同学。我们还一起参加过文化权力下放"研讨班"。

圣·德尼，隶属于文化部的国家档案馆新楼寻找照片资料。

2013 年 1 月 4 日，共和国总统弗朗索瓦·奥朗德在爱丽舍宫办公室接见我，我又当面跟他说起这个计划，不过没有深谈。为了集思广益，启动"机器"，我在 1 月 9 日见了洛朗·斯特凡尼尼、总统府礼宾小组协调员爱丽沙白·多贝尔，还有外交部礼宾司副司长菲利普·卡瑟纳夫。

之后不久，弗朗索瓦·奥朗德请我参加他 2013 年 4 月对中国的国事访问，使我有机会目睹这次访问与弗朗索瓦·密特朗 1983 年访华的区别，进而看到今昔总统出访的差异。奥朗德总统还邀请我参加 2014 年 12 月初他对哈萨克斯坦的正式访问。

随着写作的逐步展开，我走访了一些人士，同时阅读与本书主题直接或间接相关的书籍，花不少时间在网上核对日期和地名。总统的双边访问当然最有意思，但是我也会提到总统旨在参加多方会议或欧盟峰会的出行，只要我觉得它们有历史价值或者引人入胜的细节。那些不为人知的、非常规的特殊访问——比如说弗朗索瓦·密特朗访问萨拉热窝或黎巴嫩——也值得一提。

在解释总统"为何"出访、"如何"出访（定义和目标、组织、框架规范、人力和物力资源、日程进展……）之后，我会讲述法国总统几次历史性的出访，着重于它们对当时媒体和政治的影响、独具的象征意义或者一些值得关注的细节。最后，我会勾勒几十年来发生的某些显著变化（出访日趋简约、取消某些传统做法、第一夫人的作用……）。在总结部分，我将尝试展望总统访问的未来趋势。

本书不是一部礼仪专著，只是大致列举了几条处理礼宾关系的基本准则而已。它也不是历史专著，本人也不是史学家。除了访华部分之外，它没有按照时间顺序来写，也没有精确描述总统的历次正式出访，而且，本书还提到了一些非正式的出访。它更不是外交关系史论著或者外交随笔，因为它没有交代每次出访的历史、外交、政治背景，除非偶尔为之。末了，本书不是回忆录，尽管我尽量用自己以及某些事件亲历者的回忆，让叙事鲜活起来。

那么究竟是一本怎样的书呢？其实，这本书样样都沾了点边，有点印象派或者点彩派文学的味道。19 世纪末印象派和点彩派画家们以细小笔触的堆砌，最后营造出美丽异常的整体画面。那就是我的初衷。我不求面面俱到，而且在许多方面挂一漏万，但是我一直兼收并蓄，囊括历史、礼宾、外交、安保、组织、贸易、文化和趣闻轶事，力图准确地展示每每不同的总统出访的方方面面。

如果读完此书，读者们大致知道总统出访分为几类，大体了解如何准备总统的出访，能够记住某些访问，有一些趣闻轶事让他们喜欢，我的目的就达到了。我希望为推广一种至今还非极少数人莫属的知识尽一点绵薄之力。

让－马里·冈巴塞雷斯

目录

导言

第三部分
近五十年的演变

第一部分
国事访问的目的及其组织工作

为什么要进行国事访问？

严格地来说，"国事访问"讲究全套礼仪，只有共和国总统每年两至三次的双边访问才称得上"国事访问"。这样就排除了出于安全考虑而秘密组织的元首出访、"工作"访问、私人出访以及出国参加多边会议（联合国、欧盟、北约、八国集团峰会、二十国集团峰会等）、理论上的元首"正式"访问；总理、政府部长、共和国其他重要领导人——参议长或国民议会议长等人——的出访也不属此列。

不过这些访问毕竟有些共同之处，总统正式出访与总统国事访问尤其相似，当然后者以更加隆重和气派为"特征"，所以我们将撇开名称的差异，讲一些有意思的事件或趣闻。

不管在哪个国家，国事访问都包含一些必经的步骤。以法国为例，首先在机场迎候外国元首，元首将乘坐直升飞机飞过埃菲尔铁塔，抵达荣军院广场，然后在共和国卫队骑兵或摩托车手护卫下前往爱丽舍宫。香榭丽舍大街沿街悬挂来宾国的旗帜。而后，在爱丽舍宫的节庆大厅举办国宴。弗朗索瓦·密特朗匠心独具，让人在节庆大厅靠花园一侧开了十扇落地窗，大厅因此沐浴在自然的光线之中。

2004 年 1 月 26~29 日，时任中国国家主席胡锦涛对法国进行国事访问，没有采纳坐直升机飞越巴黎、抵达荣军院广场的惯例[1]。

在尼古拉·萨科齐总统卸任之前，应邀来访的外国元首还可以入住马里尼宫，这儿是专门接待国宾的官方住所。不过许多来宾喜欢下榻巴黎豪华酒店的"总统套房"，开始冷落这幢华美的豪宅。

1976年9月毛泽东去世，华国锋接任国家领导人，1979年10月来法国进行为期6天的访问。那是中国国家主席首次出访西方，他先后访问了法国、德国、英国和意大利。访问法国期间就住在马里尼宫，当时还是法国的国宾馆。

说句题外话，华国锋和瓦雷里·吉斯卡尔·德斯坦一起前往地处巴黎十三区、离意大利广场仅一步之遥的海王星酒店，为周恩来纪念牌揭幕。周恩来20世纪20年代留学巴黎，曾经在此居住，那块纪念牌今天还在。

与华国锋不同，中国国家主席胡锦涛2004年访法期间下榻莫里斯酒店。几年前他作为国家副主席访问了法国，住过莫里斯酒店。2014年，习近平主席对法国进行国事访问，为了方便起见，选择了四季酒店（原乔治五世酒店），因为中国大使馆就坐落在乔治五世大街，与四季酒店仅一步之遥。

最后一位下榻马里尼宫的国家元首是利比亚总统卡扎菲上校，那是2007年的事情了。

按照惯例，还应当在巴黎歌剧院举办一次晚会。时过境迁，这个传统也被逐渐遗忘了。

事实上，元首的"正式"访问与他的"国事"访问通常相差无几。比如在法国，国家元首来访，无论是什么性质的，共和国卫队都会在爱丽舍宫的院子里列队迎宾，只是卫兵的人数有所变化而已。不过，只有接待国事访问的时候，共和国卫队

---

1 保罗·普达德. 在总统的庇护下……. 巴黎：米歇尔·拉封出版社，2014：213.

才会护卫外国元首从荣军院前往爱丽舍宫。1976 年 10 月，吉斯卡尔·德斯坦总统访问伊朗，享受到坐敞篷四轮马车的礼遇，穆罕默德·礼萨·巴列维当时在位。英国女王在伦敦也以同样方式接待过法国总统。

因此，我们讨论总统双边访问的时候，不会太关注它们的属性，不去纠缠到底是"正式"访问还是"国事"访问，说到底，两者的筹备组织工作都差不多。

总理不等同于国家元首，所以总理出访不算国事访问，但是准备工作却很相似。实际操作的时候很难划清两者的界限，都是由外交部礼宾司负责，以同样的条件进行准备，不过由副礼宾官挂帅。总统有时候会把专机借给总理使用，总理有时候也能见到造访国的元首。副礼宾官事实上隶属于总理。

有时候，一次双边正式访问临时被纳入一个更大的、性质不同的出访计划，这样也会导致界限的模糊，尤其当总统利用国际会议顺便对该国进行双边访问的时候。2000 年 10 月，雅克·希拉克在汉城（后改为首尔）出席第三届亚欧峰会、2012 年 11 月弗朗索瓦·奥朗德在万象出席第九届亚欧峰会就是这么做的。访问老挝期间，弗朗索瓦·奥朗德正式会见老挝国家主席，专门谈了一些双边问题。那是法国总统历史上首次前往老挝。

回顾历史，国事访问的主要目的在于昭示两国的良好关系，加深对该国及其领导人的了解，巩固外交、文化关系或科技合作，经常涉及防务协议，以及领导人之间的友谊。在轮船、火车作为交通工具的年代，国事访问并不频繁，而且路途遥远，很费时间。尽管在这方面没有国际协定，但是大国之间有不成文的约定，即在回访和接待条件上恪守对等原则。

国事访问之后，只要对方不作回访，也就是东道国的元首之后没有访问来访元首的国家，来访国（共和国或君主国）的元首就不会再到那个国家去。第二次世界大战后，随着联合国的建立、反殖民运动以及国家数量的增加，这条原则逐渐消失了。各国元首，尤其是大国元首的任期有限（美国总统任期四年，法国任期现在为五年），不可能再造访所有的国家，连走遍友好国家也很难做到，因此会导致失衡。菲律宾首脑曾经三度访问法国，而法国总统迄今没有去过菲律宾。为了弥补这种情况，法国总理让－马克·艾罗于2012年10月访问了菲律宾。这是法国总理首次访问这个拥有一亿人口的东南亚国家。

除了历史原因之外，经济因素最近几年也在起作用。各国的总统都喜欢带上商业精英，在访问期间签订合同，尤其在访问新兴大国的时候。弗朗索瓦·密特朗开风气之先，每次出访都带上企业家。随着访问日期的临近，使领馆商务处就会忙起来，加快各项谈判的进程，哪怕最后定不下来，但至少可以签一些合作意向书。不过某些新兴大国颇有怨言，他们不愿意再被视为市场国，而是希望成为全面合作伙伴，与发达国家建立商贸以外的其他关系，就像欧盟成员国之间或者欧洲国家与北美的那种关系。2010年12月尼古拉·萨科齐访问印度，据说他当时提出希望签订总额超过一百亿欧元的合同，造成对方的不满。不管怎么说，国事访问的经济成果大小，已经成为考量访问成功与否的一个关键因素，对媒体而言尤其如此。

怎样准备国事访问？

与人们想象的相反，国事访问如何准备，国际上没有约定，但是有很多变通、调整的传统做法。法国没有相应的法律法规，全面阐述纪念活动、宴会、正式接待或会见的礼仪准则，只颁布过一部规章性的政令，即1989年9月13日《关于公共仪式、席位安排、民事与军事荣誉》的政令（89-655号政令，参见1989年9月15日官方公报）。鉴于马约特岛的新地位，1995年9月21日对政令进行修订，附上一份"建议书"。

成文法条的空缺，并非皆出于偶然，因为过于死板的框架会严重妨碍随机应变，削弱本国礼宾部门或政府的反应能力。如果明文规定，法国应当给官方贵宾提供一间套房、给随行人员提供四间客房，这么做是否恰当呢？假如对方没有同样慷慨地接待法方人员，我们也给予这种待遇吗？假如某个国家预算有限，十间客房的房费只能由我们承担，那我们岂不是违反规定了？诸如此类，不一而足。

外交礼仪依然是一门讲究关系的艺术，它一方面包含先前约定的行为标准，同时也要发挥创造力，因为凡事都有考虑不周的地方 [1]。

礼宾司设在外交部，爱丽舍宫有它的常设分支，负责准备总统的国外出访以及爱丽舍宫的贵宾接待，不论来访的规格如何。分支的工作人员们安排座次，准备总统府活动的致辞，招待法定团体，策划授勋仪式等。让-保罗·庞克拉齐奥、皮埃尔-亨利·吉尼亚尔在《礼仪与仪式》一书中对此做了精辟的阐述 [2]。

1585年，卢瓦尔王朝的亨利三世国王设立了两个职位：仪式大主持和使臣引导师。国王让杰罗姆·德·孔迪出任使臣引导师，此人是意大利贵族，生于西班牙，不过在法国发迹。这个职务迅速使他成为今天意义上的礼宾官。第二帝国倒台后，这两个职位归并到第三共和国设立的礼宾处。法国礼宾司如今对共和国总统和外交部长负责，也负责总理的出行。

礼宾司目前主要承担四项任务，即负责共和国的礼仪、外交使团的整体组织和管理、荣誉勋章称号的分配、提供口译

---

1 让-保罗·庞克拉齐奥，皮埃尔-亨利·吉尼亚尔. 礼仪与仪式. 巴黎：A 皮顿出版社，2012：37～38.

2 同上。

和笔译[1]。十多年来，一百多名工作人员参与完成这项国家性的使命。人数上确实有所增加，但是工作量至少翻了一倍。德国礼宾司的人员更多。

我们应当避免过多地节省国家职能部门的开支。1988年到1993年，我作为议员，担任过国民议会外交预算特别报告人。我原以为决定预算的时候，预算开支"小"的部委比较容易获得预算。其实不然。外交部以及驻外使团的预算仅占国家预算的百分之一左右。财政部要求外交部节约开支，降低运作成本、变卖我们在世界各地的资产（以前卖了香港太平山顶的总领事官邸、近年来也卖过其他[2]）。这对于解决国家的财政赤字不起任何作用（因为金额太小），但是却影响到外交部开展工作，有损法兰西的声望。且不说还要另外租、买场地，长远来看，耗资反而更多。人员编制压缩之后，加重了工作负荷，大家情绪低落。其实，财政部更应该着力解决法兰西银行的人员编制及其身份问题，他们的工作任务以前比外交部少得多，但人数却跟整个外交部相当。

因此，法国只有一个礼宾司和一位礼宾官。其他国家的情况就不一样。比如在大不列颠联合王国，礼宾工作由女王礼宾官和外交与联邦事务部礼宾官分担。西班牙更加不同，那儿有三位礼宾官：国王礼宾官、首相礼宾官以及负责协调省级礼宾事务的礼宾官。

法国礼宾官与总统的关系很特殊。道理其实很简单。首先，礼宾官是总统亲自选定和任命的。总统从大使名单中进行挑选，可谓真正的选拔；其次，礼宾官不受行政级别束缚，直接与总统联系。共和国总统一般要求礼宾官归他独用，有时候

---

1 《外交部信函》，第50号，2001年三季度，第6页。
2 据2014年8月6日的《鸭鸣报》披露，从2008年到2014年，外交部总共"处理"了海外152处资产，价值3.07亿欧元。

给他定一些新的规则，包括内部层面的规则。

1997 年 6 月，第三次"左右共治"期间，雅克·希拉克总统与总理利昂内尔·若斯潘一起出席阿姆斯特丹峰会，席间休息的时候，希拉克总统告诉若斯潘总理说，当年他在吉斯卡尔·德斯坦总统手下担任总理，德斯坦总统提醒过他，两人共同出访国外的时候，总理应该让总统走在前面，与总统保持三步的距离。

作为外交电报的收件人，礼宾官知晓国家元首在国外的行程安排。出访项目的筹备工作有了足够进展以后，他会在出访前三周或一个月，召集总统外事顾问们，确定总统出访的主线，了解总统对政治、外交、经济方面的成果有哪些期待。掌握以上情况之后，他会联系驻相关国家的法国使馆，告诉他们先遣团即将到达，请他们通知当地的礼宾部门。

礼宾官都是"国家的高级官吏"，他们像军人一样，能够恪守己任，为代表不同政党的总统效力。因此，1993 ～ 1997年，达尼埃尔·茹阿诺先后为弗朗索瓦·密特朗和雅克·希拉克效命。2010 年尼古拉·萨科齐任命洛朗·斯特凡尼尼担任礼宾官，如今他在弗朗索瓦·奥朗德身边继续完成自己的使命。他曾经作为副礼宾官，被派到利昂内尔·若斯潘总理那儿工作，我们是在那时候认识的。礼宾官必须充满自信，在任何场合都能让总统放心，有时候需要当机立断，在几分钟之内低调而妥善地处理棘手的礼仪难题困境。

1998 年 5 月 30 日，雅克·希拉克访问黎巴嫩，出席香柏官邸的重启仪式。自从 1943 年戴高乐将军承认黎巴嫩独立之后，这儿一直是历任法国大使的官邸。黎巴嫩内战爆发后，香柏官邸多次遭到轰炸，需要进行大规模的修复。按照礼宾官安排，出席揭幕仪式的宗教领袖们在前排左侧就座，政治领导人坐在右侧，其中包括拉菲克·哈里里总理。仪式即将开始，许多官员已经入座，希拉克总统几分钟前也到了现场。这时候，只见黎巴嫩什叶派领袖走到礼宾官弗雷德里克·格拉塞[1]跟前，不紧不慢地对礼宾官说，自己不应该坐在宗教领袖那边，因为他也是政治领导人，假如不把座位改过来，他将被迫离开揭幕式。

弗雷德里克·格拉塞立刻意识到来者不善，想挑起一场政治和外交风波。为了避免在众目睽睽之下说话，弗雷德里克·格拉塞彬彬有礼但语气坚定地请他进包厢稍等，以便研究问题。他随即来到总统跟前，当面跟总统说明情况。希拉克总统把拉菲克·哈里里总理请过来，征求他的意见。总理指出，法国礼宾官安排没有错，座位千万不能改，否则可能引起一场严重风波，不但会得罪其他宗教领袖，政治领导人也不会满意。于是，弗雷德里克·格拉塞建议希拉克总统接见这位什叶派领袖，感谢他百忙中莅临现场，对他不能留下来参加开幕式表示非常理解，因为他日理万机，无数重要活动等着他。这是一场涉及礼宾的闹剧，为了照顾各方的面子，让这个人悄悄离开，不闹事，希拉克总统同意了。弗雷德里克·格拉塞回到什叶派领袖这边，告诉他说位子绝对动不了；他不能留下来，我们完全能够理解；希拉克总统将马上接见他，感谢他的光临。断然的答复令他猝不及防，不过想到能够与法国总统单独见面，哪怕时间很短，他心底里还是美滋滋的。格拉塞迅速把他带到希拉克总统身边，然后悄悄地把他撵出大使馆。从头到尾不出十分钟。希拉克总统回到现场，与来宾们会合，开幕式可以开始了。礼宾官故意让那个人的空位子留在那儿，上面有他

---

1 弗雷德里克·格拉塞大使从1997年至2002年初担任礼宾官，然后被任命为法国驻摩洛哥大使。他在1988年至1993任法国驻马来西亚大使，我们在那时候相识，他两次在科伦坡大使官邸接待我，我当时是议员兼国民议会外交预算特别报告人。

的席卡，让教派首领们知道我们的确邀请过他[1]。

每个国家的礼宾规定都是不得违反的，因为它们如同法律，每个人都必须遵守，有时候不情愿也得遵守。杰罗姆·莫诺跟我说了雅克·希拉克访问亚洲期间，在泰国发生的一段相当意外的小插曲。希拉克此行访问新加坡、泰国和中国。泰国的上流社会拘泥礼节，皇家礼仪也十分严格。普密蓬国王会见希拉克总统的时候，法国代表团的人数大大超过预计，他们几乎不顾泰方礼宾人员阻拦，硬挤进去，不过气氛还算和气，国王没有任何不悦的表示[2]。

正式访问的日期一旦确定，立刻就要组建负责前期筹备的先遣队。礼宾官召集总统出访所涉及的全部人员：总统外事顾问、总统副官（尤其负责空中出行）、共和国总统卫队（GSPR）队长以及负责本次出访的卫队成员（他们将再次赴现场先遣考察）、总统医生、共和国总统礼宾组以及负责本次出访礼仪的人员（来自外交部）、总统府总管及其副手、新闻处负责人、影视媒体协调员（法国电视一台与二台轮流派代表）。这支先遣队必须商量完成出访的各种条件，并且到现场踩点，不留任何死角。

1998年9月利昂内尔·若斯潘总理访华，我有机会参加了先遣队的工作。此时正值"左右共治"，总统是雅克·希拉克。我参加过1981年2月弗朗索瓦·密特朗访华的准备工作，利昂内尔·若斯潘曾是代表团成员；我也筹备了他作为社会党第一书记于1988年末至1989年初的访华（我时任办公厅主任）；所以他希望我参加这次总理出访的筹备会议，告诉相关

1　采访弗雷德里克·格拉塞（2014年3月21日）。
2　采访杰罗姆·莫诺（2014年3月27日）。1975年至1976年，希拉克担任总理期间，杰罗姆·莫诺是他的办公厅主任。从2000年至2007年他在爱丽舍宫担任政治顾问，雅克·希拉克此时成为法兰西共和国总统。杰罗姆·莫诺是频繁陪同希拉克总统出访的顾问之一。

人员他做过什么、见过哪些重要人士、去过什么地方。总理外事顾问黎想（现驻华大使）欣然从命，吸收我参加筹备工作。于是我出席了7月8日在总理府举行的筹备会议[1]，并陪同先遣队来到中国。筹备会议和先遣队由外事顾问主持，与总理的副礼宾官洛朗·斯特凡尼尼保持联络。由于总统出访和总理出访的筹备都采用同样的方法，所以这次内幕经历使我能够对此进行准确的描述。

实地考察之前，先在总统府或总理府开一次筹备会议，主要有礼宾司、总统或总理的外事小组、某些部委办公厅以及外交部地区司的负责人参加。礼宾司必须充分了解出访的重点、潜在的问题以及期待的成果。"搞外交的"则格外强调出访预期的具体成果，尤其是舆论也就是媒体眼中的具体成果。

总统府外交小组由十几位外交人员组成，得到协助总统进行国际活动的外事顾问的支持。外交小组设在爱丽舍宫的附属建筑中，地址是爱丽舍路二号。在雅克·希拉克总统之前，非洲事务一直是另行处理的，在戴高乐将军和蓬皮杜时代隶属于非洲与马达加斯加事务部秘书长（即雅克·福卡尔）管辖，密特朗执政时期由一位独立于外事顾问的特别顾问（先后为吉·佩内、让－克里斯多夫·密特朗）负责。雅克·福卡尔以前的办公室在底楼，正对爱丽舍路尽头的小花园，他办公室的面积几乎跟共和国总统办公室一样大，现在为外交小组负责非洲事务的女外交官所用，外事顾问的办公室在二楼，面积小多了，有点匪夷所思。

总统出访的重点和目标确定之后，先遣队就可以前往总统即将访问的东道国了。一般来说，先遣队抵达之后，首先在法

1　总理外交小组的技术顾问斯特凡·维斯孔蒂于6月30日发出会议通知。接到通知的总理府以外人员，除了我，还有下列部委的办公厅主任：教育部的卡特琳娜·比左、外交部的保罗·让－奥尔蒂斯、财政部的德尼·特尔松、欧盟事务部的让－米歇尔·卡萨。

方内部开会，先遣队与大使馆成员进行对接：大使必定在场，还有首席参赞、新闻参赞、行政部主任、武官、内部安全专员（如果有该岗位的话）等。先遣队向使馆团队阐述总统对访问的期待、听取大使介绍政治背景，然后可以去会见当地的礼宾部门，跟他们开会。这些会议有时候难免磕磕碰碰，但大家始终彬彬有礼，共同确定各种活动的轮廓，前后串起来，就能构成一次顺理成章的访问。双方代表测算每组活动所需要的时间，讨论供来访代表团支配的车辆和房间数量，等等。访问活动的总体框架确定之后，先遣队分头前往东道国接待来访的每个地方和场所。

每个人都把重要的东西记下来，拍照，测量，观察。媒体协调员谈自己的看法（背景、光线等），负责安全的也是如此（讲坛要背靠墙、紧急出口等）。哪怕时间再紧，每个人也要尽量熟悉总统即将造访的场所。有人去查看医院，有人去电视台演播室，乃至租车公司办公室。到了晚上，大家在某家饭店碰头，总统可能会在那儿召集贴身的助理、陪同出访的部长或者会见外国人士（知识分子、艺术家等）。团队吃晚餐的同时鉴定菜肴质量，检查安保状况，跟使馆的同事总结当天的工作，然后再见一次当地的礼宾部门，作最后的调整。

总统医生也要做一番核实工作，保证特殊装备（直升机、造影器材、血库等）可以就近获得，并符合相关的标准。这一切都由总统医生来决定，而不是对方的政府部门[1]。

先遣队返回途中，礼宾官要准备一份给总统的报告，汇报先遣队所做的工作，提出访问草案。如有必要的话，他会提请总统注意某个问题，或者某种可能需要总统选择或敲定的选项。回来之后，先遣队成员均向各自的上级汇报情况，出访的

1　采访共和国总统府医疗组组长塞尔乔·阿尔巴雷罗博士（2013年10月18日）。

实际准备工作从此开始。多次会议之后，深化细节，确定总统代表团名单，采纳可能出现的修改意见。大使向东道国礼宾部门转达相关信息和决定，反馈当地礼宾部门的意见，采取一些具体措施，确保总统来访之日，一切准备就绪。最后，总统到达前的三四天，礼仪人员和共和国卫队进行现场部署。

有时候一切准备就绪，临行前几大，总统还会加一档内容。雅克·希拉克经常在出访前把总统顾问、外交部和财政部负责人、企业家、科学家、作家或艺术人士叫来，开个非正式会议。他让与会者讲上两个小时，边听边做笔记，然后向他们提问，头一个问题大都是："行！请告诉我，对这个国家，我该知道什么。"希拉克经常访问日本，有一次临行前接见法日企业家俱乐部成员，他拿出一份印有相扑大赛的日程表以及选手名字的折页，说某某力士会夺冠。结果的确如此[1]。雅克·希拉克是个相扑迷[2]。贝尔纳黛特·希拉克的小狗就叫"力士"。

尼古拉·萨科齐时任内政部长，他不喜欢雅克·希拉克，当选总统后也没有对日本进行过正式的双边访问。2004 年 1 月 9 日他结束正式访华回国途中，在香港的一家饭店用餐时居然声称："怎么会有人为这些头盘发髻的胖子打斗着迷？那实在不是文化人的运动。"这番言论引起日本人的强烈愤怒，因为相扑在日本几乎被奉为神圣，力士享有崇高威望。

所有这些准备旨在拿出一份缜密周全、衔接细致的计划，执行起来不出纰漏。然而天有不测风云，谁都不能保证机器不被一粒沙子卡住。

2005 年 12 月初，雅克·希拉克再次去非洲，出席第二十三届非洲——法国首脑会议，53 个非洲国家领导人云集

1　采访杰罗姆·莫诺（2014 年 3 月 27 日）。
2　相扑是日式摔跤运动，以力士们的体格魁梧和搏击时恪守传统礼仪为特征。力士在日本被称为"rikishi"，欧洲则多用"sumotori"。

马里首都巴马科。半个月前，克洛德·希拉克——总统女儿兼总统顾问——跟随先遣队去过巴马科，解决最后的一些细节问题。考虑到与会的领导人很多，先遣队决定外出参观的时候，大家都坐同一辆大巴士，这样可以同时到达。

12月2日，第二十三届首脑会议隆重开幕。没有出现什么意外，证明周密筹备确实很有价值。此时轮到国家元首们上车了，车厢里洋溢着异乎寻常的"夏令营"气氛，大伙高高兴兴地坐下。巴士里面很闷热，马里司机跳上驾驶室，有人示意他立刻出发。司机转动钥匙点火，发动机转了一下就不动了，再试一下，还是不动。原来油箱是空的！马里举办方干脆忘了加油。令人无语的荒诞从反面证明，任何准备工作，哪怕再细致，都不可能万无一失。

再举个例子：2002年5月27日星期一，美国总统小布什出席的诺曼底登陆纪念仪式准备就绪，时间安排精确到几乎以分钟为单位。这也是美国总统在雅克·希拉克当选总统之后首次访问法国。谁知希拉克夫妇冒着冰冷的细雨，在圣梅格里斯小镇——当年首先被美军解放的村庄，1944年6月6日——广场上，等了一刻钟——可以说是旷日持久，还不见美国总统出现，脸上露出掩饰不住的恼火。最后跑来一位警卫，对礼宾官说，波音757刚在冈城落地，小布什夫妇将登上直升机，十来分钟后就能到达圣梅格里斯。

这种场合迟到实在有些过分，究竟是怎么回事呢？原来美国总统的防弹车分量太重，雨天道路湿滑，从圣奥诺雷市郊的美国大使馆出发到奥利机场，车速不到40公里每小时，路上耽误了一刻钟。再说美国特工不让法国人坐美国总统的汽车和专机，以致于无法通知礼宾官总统会迟到多少时间[1]。

1　保罗·普达德 . 在总统的庇护下……. 巴黎：米歇尔·拉封出版社，2014：17 ~ 23.

谁负责安全保卫?

安全保卫由共和国总统卫队(GSPR)负责。共和国总统卫队是内政部的下属部门,隶属于国家保护政要特勤局(SPHP),2013 年 9 月成为国家安保特勤局(SDLP)。2012 年 5 月底之后,共和国总统卫队由索菲·哈特分局长指挥。自从美国总统特勤局局长朱莉娅·皮尔逊于 2014 年 10 月 1 日辞职之后,索菲·哈特成为举世无双的总统卫队女队长,此前她曾经负责利昂内尔·若斯潘总理的安保达 3 年之久。

共和国总统卫队负责总统的出行安保。爱丽舍宫的安保也由共和国卫队承担,受一名身为总统府军事长官的上校指挥。出访外国的时候,共和国总统卫队不仅保护总统,还要保证代表团、随同人员、飞机以及新闻记者的安全。

涉及自己的安保,每位法国总统都会调整保护范畴和组织方式。法国安保体系跟美国不一样,美国总统必须签一份协议书,迫使自己服从强大的美国特勤局的严格指令。但法国总统拥有最终裁判的权力。

1934 年 10 月,南斯拉夫国王亚历山大一世在马赛遇刺,法兰西共和国总统卫队的前身——官方出行及政要安全处(SVOSHP)——随即于 1935 年 3 月成立,在警方行话中很快被简称为"官方出行"或"VO"。

第五共和国时期,戴高乐携带自己的保镖出行,他的保镖不久被戏称为"将军的大猩猩"。大猩猩是 1958 年贝尔纳·波德利执导的影片《大猩猩向您致敬》中的主角,由利诺·凡杜拉扮演。他们原来都在法兰西人民联盟(RPF)的纠察处工作,被警察总局雇佣为保镖,属于合同工性质。总共有四个人,所以有时候也被叫作"将军的火枪手"。1961 年底,其中一位元老出于"个人原因"[1]离开了四人小组，由雷蒙·萨西亚顶替。

法国秘密军队组织（OAS）当时策划一系列针对戴高乐的暗杀行动，保镖们忙于应付。1962年8月22日小克拉玛刺杀事件最出名，戴高乐将军乘坐的DS19轿车上弹痕累累。

戴高乐将军在国外也遭到过枪击，但不是冲着他来的。事情发生在1964年10月。阿根廷科尔多瓦城的大批民众欢迎戴高乐来访，庇隆派成员混杂在里面。他们想利用戴高乐来访的机会，公开反对阿根廷现政权。他们开始呼喊，渐渐地把戴高乐和庇隆的名字混在一起："戴高乐，庇隆！庇隆，戴高乐！"人们激动不已，一阵骚动，气氛陡然紧张起来。阿根廷警方跑来告诉将军的保镖，眼下出现骚乱，他们控制不了局面，只能进行清场，必要时会动用武力。将军必须撤离。保镖们拉起将军就朝敞篷车走去。此时传来一阵枪声。"大猩猩"一把将戴高乐推上车，车子迅速启动[2]。身后传来密集的枪声，雷蒙·萨西亚和两个同事噌地跳上敞篷车的后车厢保护将军，但是将军不动声色，依然直挺挺地站在车子的前排右侧。几个示威者被子弹击中，幸而法国总统的敞篷车安然无恙[3]。

蓬皮杜时代出现了第一批能够用来防弹的凯芙拉手提箱——我们后面会提到——以及基于内政部独立网络（Rami）的通信系统，特勤人员可以借助耳机保持联络。弗朗索瓦·密特朗不信任警方，倚重于宪兵。尼古拉·萨科齐身边则是清一色的警察，因此导致共和国总统卫队规模扩大，最多时高达九十人。而后，弗朗索瓦·奥朗德削减了警方的人数，宪兵重新又进入了总统卫队。

共和国总统卫队如今由六十余人组成。长期以来，他们

---

1 其实他是被开除的。因为他偷拍戴高乐的照片，然后卖给报社，被戴高乐发现了。

2 雷蒙·萨西亚. 将军的火枪手. 巴黎: 盖纳出版社, 2010: 110.

3 采访雷蒙·萨西亚（2014年9月11日）。

基本上佩戴史密斯·威森 357 马格南左轮手枪，6 发子弹，19-RS 型（RS 为雷蒙·萨西亚的名字首写字母，该手枪是他引进并且略加改进的）。现在主要使用格洛克 26 式手枪，重量轻，弹匣容量大。

共和国总统卫队中，只有卫队长和两三名队员可以进入总统的专机。其余卫兵作为"先遣人员"预先部署在出访对象国，负责通信联络的技术小组也是如此。总统访问相关国家期间，贴身警卫基本上都携带武器，除了在英国、日本和澳大利亚。在别的国家，共和国总统卫队申报枪支品种以及弹药数量，提出申请，就能获得携带枪支的许可。一般来说，按照对等原则，对枪支弹药没有任何限制，除了某些国家会控制携带枪支的总数（比如南非控制在五六支）。

空中飞行期间，卫队成员随身携带武器。已经先期到达现场的警卫人员不带武器。枪械由总统座机或者前夕抵达的飞机运送。尽管一路经办都是摆弄枪械的行家里手，也不一定平安无事。2007 年 12 月 31 日，尼古拉·萨科齐正式访问开罗行将结束，人心思归，大家都盼着回家过年。总统专机将准时起飞。三十多位记者结束工作后登上另一架飞机，代表团成员也鱼贯而入，包括国家保护政要特勤局的军官。大伙落座之后，聊天，说笑话，放松心情。一位警察忙着收拾自己的警务手枪。此人曾是特警队[1] 成员，现在进入国家保护政要特勤局，熟悉枪械的使用操作。然而……就在他摆弄手枪时，一不小心，子弹飞出枪膛。枪声在机舱里的回荡，震得耳膜生疼。所有人都面面相觑，满脸惊骇。

这位警察连声道歉，原来他想把一颗滑入枪管的子弹退出来，不小心碰到扳机走火。这种情况属于可能酿成严重后果的

1　法国特警队（RAID）（寻找、协助、干预、震慑）组建于 1985 年，是法国警察的精锐部队。

职业过失。子弹穿过机舱的地板，弹孔清晰可见。飞行员和机组成员迅速冲到行李舱找子弹，花了十多分钟才找到。原来那颗子弹打穿法国电视三台摄制组的设备箱，钻进 VSD 电视杂志女记者的旅行袋里。幸亏有了箱子和旅行袋阻挡，不然的话，强劲的弹头会穿透机身，扎进沥青跑道。倘若如此，飞机当时就不能用了。一圈查下来，晚了一个小时才起飞 [1]。

根据任务的复杂程度，共和国总统卫队的先遣人员比总统提前四到六天出发，其他人员随后分期到达，最晚在总统出访前夕抵达。第一批特勤人员与大使、造访国的同行们进行联系，仔细检查从专机抵达到最后离开的全部环节。实际上，车辆租用、车队组织（2014 年 2 月弗朗索瓦·奥朗德对美国进行国事访问的时候，在加利福尼亚州那一站，共有 18 个不同的车队）、行李和护照事宜、住宿管理、按照礼宾顺序对客房分类等均由共和国总统卫队操办，当然还要负责安排总统和部长们的贴身警卫。部长自己的警卫人员提前一天到达造访国。

先遣人员与东道主配合，检查相关场所的扫雷和安检工作。对途经的每一站，他们都须制定紧急情况下将总统撤退至安全场所的方案。

访问过程中，三名总统卫队成员跟着总统行动，他们分别是卫队长、"座椅"（坐在总统座驾前排、司机旁边的警卫）和"凯芙拉"。凯芙拉是一种可以折叠的矩形盾牌，拎在手上像公文包。盾牌使用的是杜邦公司 1965 年发明的一种合成材料，表面涂了一层防水、防紫外线的薄膜。尽管盾牌的重量在逐年减轻，不过少说还有五公斤的分量。盾牌可以挡住子弹，充当保护总统不受潜在的枪击、各种抛射物伤害的最后一道屏障，必要的时候，甚至可以让总统卧地，将他全部盖住 [2]。由盾牌

1　菲利普·杜朗 . 高级安保 . 巴黎：新世界出版社，2014：286 ~ 287.
2　采访索菲·哈特分局长（2014 年 2 月 14 日）。

引申开去，拎盾牌的警卫也被叫作"凯芙拉"，他总是坐在尾随总统或者政要的第一辆汽车里面。

2000 年，警卫用过"凯芙拉"盾牌保护利昂内尔·若斯潘总理。事情发生在 2 月 26 日，总理正式访问以色列的巴勒斯坦被占领土，离开约旦河西岸拉马拉镇附近的巴尔扎伊特大学时，巴勒斯坦示威群众的石块雨点般地砸来。

动用"凯芙拉"，迄今还是绝无仅有的一次，所以有必要说一下，尽管涉及的不是共和国总统，而是总理。

那是 2000 年 2 月，利昂内尔·若斯潘总理对以色列进行正式访问。2 月 24 日在耶路撒冷的大卫国王酒店举行记者会，他把黎巴嫩真主党攻击以色列称为"恐怖"袭击。以色列媒体十分高兴，巴勒斯坦方面的反应当然不一样。2 月 26 日，利昂内尔·若斯潘按原定计划来到巴尔扎伊特大学，与学校的师生们进行一场讨论。鉴于当时的局势，讨论相当激烈，不过还在可控范围之内。利昂内尔·若斯潘做了阐述，甚至还获得掌声。

但是外面的情况就不同了。示威群众逐渐在山坡上聚集，他们脚下就是会场和通往总理车队的必经之路。示威者高喊口号，气势汹汹。过了一阵子，特勤组认为局面已经失控，把情况告诉了场内的代表团。特勤组建议利昂内尔·若斯潘从后门离开，被他断然拒绝。于是总理和代表团走前门出去，他的轿车和随从的大巴在一百米开外。口号声一浪高过一浪，有人扔小石块，砸下来的石头越来越大。利昂内尔·若斯潘临危不惧，挺直身子，尽可能保持镇定[1]。

未等警卫展开盾牌，利昂内尔·若斯潘已经被石块击中头部，幸亏砸得不重。盾牌迅速打开，先挡住利昂内尔·若斯

1　采访菲利普·博特里（2014 年 3 月 18 日）。他时任总理的副官。

潘，第二块保护于贝尔·韦德里纳[1]，总理在保镖的护卫下，冒着雨点般落下的石块，找到自己的车子，一头钻了进去。

利昂内尔·若斯潘的奔驰防弹车是阿拉法特的，大约有两吨重。阿拉法特特意提供给正式来访的法国总理使用。说时迟，那时快，一个蒙面的女子冲到汽车跟前，大约一米远的距离，举起一块大石头向汽车砸来。插在车头的三色旗被拔出来扔在地上，遭到践踏。汽车突然开动，把几个爬上车顶的示威者摔在地上。当时一片混乱，汽车夺路而走，把在前面拍照的法新社记者马努舍·德加迪的腿撞断了。

代表团其他成员一路奔跑，跌跌撞撞地跑回到大巴车。作为称职的军人，菲利普·博特里没有慌，开车前作了点名，确保没有落下任何人。趁总理医生给受伤的记者注射吗啡，他冲出去把三色旗捡回来，他不能容忍法国国旗在"敌对地区"被人践踏。大巴终于可以开动了。总理副官想与总理的车子汇合，不料网络陷入饱和状态，因为记者们都设法联系自己的总社。菲利普·博特里于是启用另一条基本原则："返回出发点"。巴士返回巴勒斯坦民族权力机构所在地穆卡塔，利昂内尔·若斯潘和部长们的车果然也在那儿[2]。

利昂内尔·若斯潘镇定自若，面带微笑。两小时后，他在加沙地带的一个边境哨口见到亚西尔·阿拉法特。阿拉法特再次以巴勒斯坦人民的名义表示道歉，称示威和扔石头都是极端分子干的。他甚至还说："袭击利昂内尔·若斯潘的那些人，不代表巴勒斯坦人民的观点，而是代表愚昧主义。"他决定巴尔扎伊特大学关闭三天，不过建议利昂内尔·若斯潘取消对汗·尤尼斯难民营的访问。跟亚西尔·阿拉法特见面结束后，代表团就直接返回巴黎了。

1　采访于贝尔·韦德里纳（2014 年 3 月 24 日）。他时任外交部长。
2　采访菲利普·博特里（2014 年 3 月 18 日）。

此时法国正处在"共同执政"时期，希拉克对利昂内尔·若斯潘横加指责，立刻召见刚回国的总理。若斯潘没有理睬爱丽舍宫。

后来发生了 2001 年"9·11"事件，雅克·希拉克和他的总理多米尼克·德维尔潘几年后终于同意将真主党列为世界恐怖组织。2013 年，奥朗德总统的外交部长洛朗·法比尤斯也建议欧盟，将真主党武装列入恐怖组织名单。此时的建议没有引起巴勒斯坦阵营的抗议，因为伊斯兰两大分支什叶派与逊尼派之间近年来的生死搏杀、伊朗暗中作祟，颠覆了人们关注的重点。巴勒斯坦支持真主党的记忆已经淡漠，由此可见，今非昔比，这个地区的冲突格局发生了何等巨大的变化。

要花多少钱？

在尼古拉·萨科齐担任总统之前，爱丽舍宫的支出由各个部委以及国有大企业承担。外国访问则动用外交部的预算。因此，批给爱丽舍宫的预算根本不能反映实际情况。

2008 年，尼古拉·萨科齐推出一项公开透明的举措，即总统府预算从此将由议会表决通过并接受审计法院检查。当年通过的预算，从 2007 年的 3000 万欧元增至 1.2 亿欧元。至于出访成本是多少，雅克·希拉克时期每年约 1000 万欧元，2008 年上升为 1400 万，2009 年达到 2100 万欧元[1]。据审计法院统计，2012 年 5 月至 12 月，弗朗索瓦·奥朗德出访开支为 860 万欧元，其中航空费一项就达到 420 万欧元。他 2012 年 5 月访问美国花了 90 万欧元，与 2011 年尼古拉·萨科齐出访联合国耗资 100 万欧元相当[2]。

---

1 埃里克·芒多内.萨科齐与爱丽舍宫的金钱.快报周刊，2007.11；西尔维·皮埃尔－布罗索莱特.关于萨科齐国家的调查.焦点周刊，2007.12；勒内·多西埃.国家的钱.巴黎：瑟耶出版社，2012.
2 总统出访的待遇.挑战杂志.2014.04.30(387)：62.

总统的飞机

尽管与第五共和国无关，不过回顾往事还是相当有趣的。第一位以总统身份坐飞机离开法国本土的是樊桑·奥里奥尔，那是在 1947 年，他没有去外国，而是飞往法国的海外领地。首位在国内飞行的元首是阿尔贝·勒布朗，1934 年从埃唐普飞到维拉库伯雷。顺便说一下，乔治·蓬皮杜总统是首位乘坐协和式飞机的总统，1971 年 5 月从巴黎飞到图卢兹。

为了维护法国的形象，戴高乐将军有一条原则，一律坐带有法兰西共和国三军标志的快帆飞机到达东道国。路途远的话，快帆飞机提前一两天出发，戴高乐将军先坐动力强劲的远程航线飞机，然后换乘快帆飞机到达东道国，开始国事访问。快帆飞机落地后有一套专门的仪式：雷蒙·萨西亚疾步来到飞机后舱，从机尾的小舷梯下到地面，绕过迎宾的官员，走到戴高乐即将乘坐的总统轿车跟前，亲手插上三色国旗以及洛林十字架，然后向站在主舷梯上面的礼宾官示意，通常一身戎装的戴高乐将军这才开始庄严地走下舷梯[1]。

不过在很长一段时间里，法国总统使用法国航空公司的飞机，尤其是协和式和道格拉斯飞机，后来采用经过改装的空中客车。瓦雷里·吉斯卡尔·德斯坦长途出行的时候，经常用协和式飞机，访问美国、沙特、中国的时候尤其如此。弗朗索瓦·密特朗也经常坐协和式飞机去美国，不过也坐法国航空公司的其他飞机，直到 1995 年。我们发现，无论属于哪个党派，历届法国总统都坐协和式飞机访问美国。此举无疑是一种"挑衅"，"报复"美国政府出于嫉妒，禁止协和式飞机作为航线飞机在美国降落，因为这么漂亮的飞机不是美国人率先设计的。这条禁令阻碍了法国超音速飞机的经济腾飞。

1968 年，法国空军组建"埃斯特艾尔"飞行运输大队，先

1　采访雷蒙·萨西亚（2014 年 9 月 11 日）。

后有两架 DC-18 飞机服役，一直使用到 2000 年。1970 年开始，DC-18 飞机也用于总统出行。

此外还有一架飞机也加入总统机组备用，以便一架飞机出现技术故障时，能够继续接送总统。总统坐协和式飞机的时候，备用飞机经常是 DC-8，有的时候是另一架协和式飞机。备用飞机也运送其他人员以及刻有共和国纹章的爱丽舍宫餐具。后面经常还会有第三架飞机——携带医疗设备的猎鹰公务机，有时候是别的飞机尾随。

1990 年，弗朗索瓦·密特朗去大溪地，出席帕皮提港口的百年庆典，机场翻新后，协和式飞机才能降落。那次出行一共降落了 17 架飞机。总统代表团由 420 人组成，包括 110 个机组成员。别忘了，美国总统出行的时候，陪同人员高达 1000 人，住宿需要 1000 个房间，450 辆车[1]。

总统专机—— DC-8、协和式或空客 380——的前舱都改动过，成为书房和卧室，后者有时候只是拉了一道帷幔的长沙发而已。后面是代表团的部长、顾问、特邀嘉宾以及工作人员的座位。协和式飞机上的总统区域不如别的飞机那么宽敞。机舱尽头装有复印机和传真机。总统的台式电话边上，配备"敏感"通信的加密系统[2]。

总统机群在 1995 年被解散，在此之前，一直由"部际飞行联络组"（GLAM）管理。1995 年以后，共和国总统可以动用"飞行运输、训练、校准大队"（ETEC）的飞机，不仅限于去外国访问。2013 年起，更名为"60 飞行运输大队"（ET60）。

长期以来，总统机群由一架空客 310、2 架空客 A319 以及别的飞机组成，包括 2 架猎鹰 900 和 3 架超级美洲豹直升机。2 架空客 A319 是利昂内尔·若斯潘和雅克·希拉克于 2000 年

1　菲利普·杜朗，同前，第 101 和 120 页。
2　协和式标志下的天空. 巴黎：七七出版社，2006.

"共同执政"时购买的，现在已经分别卖给塞内加尔政府和新加坡的一家私营公司，被一架空客 A330-200 取代。还新添了 2 架猎鹰 7X 飞机。当地机场跑道不够长，A330-200 无法降落或者出行规模不大的时候，就启用猎鹰 7X。

这些飞机并非只为共和国总统所用。总理、外长、国防部长、内政部长、欧盟事务部长或者偶尔别的部长也可以使用不同级别的飞机，先向总理府有关部门提出申请即可。总理下属部门管理飞机、决定派什么飞机，但飞机的使用规则由国防部说了算，确切地说是国防部办公厅主任，尤其是名为 CM15 的主任助手决定的。每次使用产生的费用由申请部委自行承担[1]。

2008 年，总统座机从维拉库伯雷起飞时发生一次飞行事故，让总统府意识到更换总统座机刻不容缓。2010 年，尼古拉·萨科齐买了空客 A330-200。新的总统专机装饰一流，具有舒适现代的接待和办公设施（餐厅、加密通信设备、英特网、电视……），媒体把它比作美国总统的"空军一号"，戏称为"萨科齐一号"。爱丽舍宫对总统专机的融资情况讳莫如深，引起不少争议，其实是从加勒比海航空公司买来的二手飞机。

我当时没有加入抨击者的行列，因为我认为法国跻身世界五强，又是联合国安理会常任理事国，不管谁是总统，海外出行都应该享有尽可能优越的条件，飞行应该具备覆盖最遥远行程的续航能力，乃至到达远东地区，而空客 A319 做不到这一点。所以说这架新飞机是一件适合我们国家施展影响力的工具。

专家在 2011 年审计法院的报告中，给出了准确成本（购机费、内部改装设计和施工费）：2.592 亿欧元。埃纳省议员勒内·多西埃是这方面的专家，他指出，国防部曾经告诉夏朗

1　2013 年 12 月 22 日采访总统特别参谋部参谋长伯努瓦·普伽将军。

德省议员、空军预算意见报告人让－克洛德·维奥莱，成本为 1.76 亿欧元，现在大大超过国防部提交的数字[1]。2011 年 11 月，尼古拉·萨科齐赴韩国首尔出席二十国集团峰会，首次使用这架飞机。弗朗索瓦·奥朗德的第一次使用则是在 2012 年 5 月底，他首次正式访美（华盛顿和芝加哥）。

共和国总统的空中交通由 ET60 飞行大队负责。飞行大队驻扎在维拉库伯雷（伊夫林省）的 107 空军基地，巴黎西南约 20 公里。不过总统的空客 A330 一直停在埃夫勒（厄尔省）的 105 空军基地，因为维拉库伯雷的跑道太短，总统专机无法正常起落。总统动用专机的时候，都是在奥利机场登机，随同人员也在那儿上飞机。

Cotam 单位（或者 Cotam 3000）是法国空军每架飞行器的呼叫代号，也包括共和国总统的专机。

总统空客

总统空客，我坐过 3 次：第一次是在 2013 年 2 月初，跟总理让－马克·艾罗赴柬埔寨，参加已故柬埔寨太皇诺罗敦·西哈努克的遗体火化仪式，仪式之后还正式访问了泰国。第二次坐空客是在 2013 年 4 月底，陪同弗朗索瓦·奥朗德总统对中国进行国事访问。第三次是 2014 年 12 月初，总统正式出访哈萨克斯坦之际。3 次出访中，我在代表团里的身份是"总统特邀嘉宾"或"总理特邀嘉宾"。

本人从 2012 年 5 月起三度登上总统专机，所以能相对准确地进行描绘。我在网上和一些报刊文章里看到相关图示和描写，其实都不太符合实际情况。

总统的空客由三个空间组成：专用医务空间、总统套房以

1　埃纳省议员勒内·多西埃的博客，《审计法院报告关于共和国总统府预算的精选》，2011 年 7 月 26 日。

及乘客空间。

"梦神地带"

专用医务空间——亦称"梦神地带"——就在驾驶舱的后面，是这次改造新添的一项内容，不同于以往的总统专机。医疗用品以前都装在一二个包里面，由总统医生携带。

"梦神地带"起源于卡拉奇暗杀事件。当时死伤人数很多，法国没有足够的飞机将他们运送回国，只能向德国求援。痛定思痛，独立的"医务单元"应运而生，取名为"梦神地带"，几乎适用所有的飞机型号。总统专机上装的就是这种"医务单元"。

"梦神地带"能够提供医疗服务，必要时可以进行急救。与过去相比，情况有了显著改善，总统医生此前需要携带大量器材随行，专机后面还跟着一架猎鹰医疗公务机（用于医疗疏散），配备麻醉师和外科医生。飞行途中如果突发疾病，必须先降落，然后把病人转移到另一架飞机，这样会浪费大量的时间。

弗朗索瓦·密特朗时期，居布莱博士一直随身携带着两个神秘的手提箱，以及一大批器材，可以跟野战医护室媲美。现在我们才知道，第一个手提箱装有输液器械、氧气面罩、超微型心电图机；另一个手提箱里面则有一百多种药，阿司匹林、维他命、镇痉剂、止泻药、安眠药乃至安定剂，等等。

1981 年 11 月，弗朗索瓦·密特朗在巴黎圣宠谷军医院（Val-de-Grâce）接受体检，知道自己得了前列腺癌。除了居布莱博士、给他体检的科尚医院（Cochin）的阿道尔芬·斯特格教授，其他知道内情的人很少。居布莱博士深夜给病人作静脉注射治疗。他手头还有一个支撑器，以备总统脊柱病变所需，此外他还拥有进行重症抢救的全套装备 [1]。

---

1 雅克·阿塔利. 弗朗索瓦·密特朗. 巴黎：法亚尔出版社，2005：422.

密特朗必须每天接受秘密治疗，有时候显得很滑稽。1981年12月出访阿尔及尔期间，每天凌晨五点，居布莱博士拎着小箱子走进总统卧室，把输液瓶挂在油画框上，稍有摇晃就可能掉下来，砸在他们的脑袋上。同月，居布莱博士要在驻英大使馆的卧室里给密特朗输液，总不至于在墙上敲钉子吧，博士只好用衣帽架，凑合把输液瓶挂好[1]。

总统座机里面的"梦神地带"也能附带减少每次出访的开支，因为取消了尾随的第二架飞机，不过还保留一架随行的猎鹰备用机，用以万一专机出现故障，可以把总统接回来。尼古拉·萨科齐时期，总统每次出行，猎鹰备用机都跟在后面。这架飞机如今停在维拉库伯雷，需要时才出动，从而省了一笔开支。经总统批准，"梦神地带"也能运送重伤员。2013年，弗朗索瓦·奥朗德结束对刚果民主共和国的访问，回国途中搭救了一名身负重伤的共和国总统卫队特勤，此人夜间在金沙萨不慎跌入两米深的坑[2]。尼古拉·萨科齐以前也这样做过一次[3]。

总统套间

总统套间由卧室、书房、兼作餐厅的会议室组成。卧室里有一张双人大床、一间可以淋浴的浴室。卧室隔壁为书房，放了一张实木书桌以及总统的座椅，书桌对面有两把扶手椅，门口右侧，放着三人长沙发，靠近总统座椅的左侧。不算总统的话，书房可以容纳五个人。

卧室、书房外面是一条走道，走道始于紧闭的驾驶室舱门，经过一道门，进入会议室兼餐厅。与过去相比，这又是一个很大的改变。它占据左右舷窗之间的全部空间，中间没有走

---

1 克洛德·居布莱，米歇尔·戈诺. 天大秘密. 巴黎：勒罗歇出版社，2005：42~43.

2 采访索菲·哈特分局长（2014年2月14日）。

3 采访共和国总统府医疗组组长塞尔乔·阿尔巴雷罗博士（2013年10月18日）。

道，因此很宽敞。中间横放一张椭圆形大桌子，周围有 11 把固定在地板上的椅子。现在少了这间屋子不行，我稍后会作详细的描述。

继续往前走，左舷为"通信空间"，右舷是"厨房空间"，又称为"机上厨房"，用来加热菜肴。两个空间都有门帘遮挡。"通信空间"以前真的需要一台电话总机，现在使用加密手机，事情就简单多了。

"乘客"空间

我们接着进入比较集体化的区域。第一区域含 16 个座位，专门留给部长、总统顾问或嘉宾使用，假如有足够座位的话。这儿布置得很像普通班机的公务舱，米黄色皮座跟飞机其余部分的座位毫无二致，靠背皮头枕是褐色的。每位乘客跟前的电视机都处在关闭状态，上面印有共和国的纹章。隔断后面是第二个区域，两边通道上挂着门帘，里面有 40 个座位，其中 34 个也是按"公务舱"规格布置的，另外 6 个属于"经济舱"待遇，不过二者之间既没有隔断也不挂门帘。

上面两个区域中的座位都按照礼宾顺序进行分配，贴上纸签。第二区域里的前几排座位留给议员们，他们或受到总统邀请，或担任他的顾问。官方代表团里面重要人士太多，第一区域没有空位了，所以议员坐到第二区域。除了议员之外，还要安排四五位被先前允许进入总统专机的商界人士和三四名记者入座。最后才是代表团的随行人员，他们负责礼宾、安保、通信、医务、后勤等工作，人数比较多。飞机尾部还另有一个烹饪区，为"第二乘客区"的人员热饭菜。

飞行及乘务人员当然都是军方人员。

2012 年 10 月，复刊不久的性感时尚杂志《男人帮》，刊登了一份国家元首专机"酷"程度的民意测试。测试的问题是：

"谁的飞机最酷？"法国排在第四名，前三名分别是丹麦、美国和玻利维亚。你们知道为什么吗？对这个排名的解释跟测试的问题一样可笑。丹麦排名第一，是因为丹麦皇家的庞巴迪挑战者 CL - 604 飞机，在国事出行之余，被用来监测格陵兰一带的捕鱼活动以及观察北极熊。玻利维亚排名第三，是因为该国没有合格的飞行员，总统的达索猎鹰 9000 飞的次数很少，所以污染有限……沙特阿拉伯排名倒数第一，国王的空客 A380被一口咬定"零酷度"，装修得"恬不知耻"，因为里面有 5 个豪华套房、劳斯莱斯停车场，甚至还有马厩[1]。

谁陪总统出访？

首先是那些"非去不可的人"：总统顾问、礼宾官、内阁部长、相关议员、总统医生、共和国总统卫队以及技术服务人员。然后是被戏称为"其他非去不可的人"：总统夫人或伴侣、"总统特邀嘉宾"和商界人士。记者也成为不可或缺的人物，他们作用非常大，我会作单独描写。总而言之，不下二百人随总统出行，无论是国事访问还是正式出访。

因此，想挤进总统出访的队伍不是件轻松的事儿。有幸入选者的名单很快被分为二部分，一部分为那些"跟随总统出访"，但另坐飞机抵达的人；另一部分则是进入"总统专机"的人。总统专机的座位有限，因此进入第二部分名单的争夺就更加激烈了。

"非去不可的人"
总统办公厅成员

爱丽舍宫秘书长或总统办公厅主任很少随总统出行，因为总统外出期间由他们"看家"。一般来说，下列人员必须与总

1　男人帮（Lui）.2012.10.01：86.

统随行：总统的特别参谋长——按照总统府礼宾顺序，他是秘书长之后的第二号人物、总统外事顾问——通常被叫作"夏尔巴人"（因为他陪总统登上"巅峰"）、负责访问国家或地区的外事小组顾问，有时候还有总统办公厅副主任、新闻媒体顾问、外交部相关部门负责人，礼宾官当然非去不可。弗朗索瓦·密特朗要求，每次出访都必须带上其私人秘书波莱特·德克拉纳[1]。她每次都带上自己的打字机。警卫部门当然也一起出行。

副官

　　法国总统是三军统帅，副官一直由部队军官担任（爱丽舍宫目前有三个人履行这项也许是法国特有的职责）。他们必须随时保持总统与各军事指挥机关之间的联系。根据 1964 年 1 月 14 日政令，统率三军的共和国总统有权动用核武器。总统单独拥有一份密码，负责发射核弹的军事指挥部门能够以此确认总统身份。副官在技术层面上协助总统进行指挥，保证随时随地能够启用核威慑力量。副官永远提着一个公文箱，媒体长期以来对此津津乐道，说里面装着批准启动核打击的程序。公文箱如今不见了，但是这套机制依然存在，只不过装置更为轻便，能装进一个口袋里，它属于共和国保守得最严的机密之一。由于总统必须随时与三军保持联系，因此总统私人外出的时候，副官寸步不离。副官佩戴显示其身份的金色或银色刺绣的肩章，又称为"绶带"。

　　除了担负军事职能之外，副官还必须减轻总统其他方面的后顾之忧。副官应当递上讲稿，告诉总统向左或向右拐弯。在陌生场所，有必要的话，要让总统知道厕所的位置。副官是个

1　波莱特·德克拉纳．私人秘书：在弗朗索瓦·密特朗身边的 27 年．巴黎：群岛出版社，2008.

不可或缺的人物，总统去哪儿，他就跟到哪儿。他的工作平凡而重要。说它平凡，因为他不起任何政治作用；但是大凡涉及总统的技术问题都落在他头上，因此他的工作很重要。总统如何回国？因为法国在任何场合下都应当有能力自行接总统回国。总统怎样着装？副官要研究天气预报，跟总统私人总管商量决定带哪些衣服。私人总管在出发的前夜，将总统的行李收拾妥当：两个大箱子，外加一个手提行李箱，里面只放一些生活必需品，以备不时之需。

因此，副官在任何场合都住在总统附近就不足为奇了。跟他分享这份特殊待遇的还有警卫官、总统医生、总统通信负责人以及总统私人总管。和化妆师一样，私人总管也坐总统专机。他将保证总统的行李都由专车接送随行。总务或总务助理将提前到达，在高级酒店的总统套房，或者在法国的官邸等候。

总统医生

总统医生通常是巴黎圣宠谷军医院（Val-de-Grâce）派来的军医，始终在总统身边值日。总统府到1991年6月才设立医疗处。弗朗索瓦·密特朗的私人医生是大名鼎鼎的克洛德·居布莱，络腮胡子，成天提着两个神秘兮兮的手提箱，特别好认。很长一段时间内，弗朗索瓦·密特朗出行几乎都带上他，只有个别例外，比如1983年10月极端秘密地访问黎巴嫩。第一届总统任期，弗朗索瓦·密特朗总共出国154次，不包括私人出行，医生不陪总统私人出行。

总统医生不能对刺探总统健康情报的风险掉以轻心，不管风险来自何方，都应严加防范。弗朗索瓦·密特朗时期，克洛德·居布莱博士把治疗中用过的东西全部毁灭：注射针、安瓿瓶、安瓿瓶的断头、药棉、橡皮膏……不能留下任何痕迹、任何迹象。用抹布把零星残留物聚拢起来，放进手提箱，回到巴黎后烧掉。手提箱用绳子扎住，当然不允许打开[1]。

跟外界传说的相反，法国没有试吃员，不像外国那样，菜肴先试吃，然后才让总统用餐，有些国家还在这么做。1990年2月，弗朗索瓦·密特朗访问孟加拉国。弗朗索瓦·密特朗和代表团抵达达卡后，居布莱博士想一个人吃得快点，于是谢绝出席正式午宴。他来到代表团下榻的酒店厨房找吃的。他站在炉子边上正吃着饭，进来一位孟加拉军官，问负责监制法国总统饭菜的人在哪儿。见居布莱博士拿着盘子，又看了一眼他衣襟上的胸牌，军官便问他是不是试吃员。后者觉得好玩，也不想没完没了地解释自己为什么会出现在厨房，就给了肯定的回答。军官听罢放心地走了[2]。

通信服务部门

说到通信，总统应该能够以加密的方式，随时联络爱丽舍宫、总理以及他统率的陆海空三军，尤其接通爱丽舍宫地下室的朱庇特指挥中心。为此，有些专业人员坐上了总统专机，其他人则在几天前已经到达当地。必须保证通信在瞬间接通。我们在尼泊尔经历过最漫长的等待：一分钟。以前有的时候，全部设备几乎都得在现场安装，特别在某些非洲国家，必须把近15吨的通信器材从法国运过来，搭建一个名副其实的电话中心。

1999年，希拉克总统在加拿大出席法语国家首脑峰会，去努纳武特自治领地访问因纽特人，通信设备装在冻土地带的一间木屋里，总统外事顾问让－大卫·莱维特坐在木箱子上，与美国国务卿玛德琳·奥尔布赖特通话。设备简陋，但是电话

1　克洛德·居布莱、米歇尔·戈诺，同前，第45页。
2　克洛德·居布莱、米歇尔·戈诺，同前，第96页。

打通了[1]。在场的人们记忆犹新，不胜感慨。

随着通信技术的现代化，如今的设备轻便多了。

政府部长和议员

总统出访的时候，通常由外交部长陪同，并根据总统要讨论或签订协议的事项，选择主要相关的部长出行。部长坐总统专机不用付费，但是住宿发票将寄到他们所在的部委。每个部长都有一名警卫和一名翻译，警卫陪部长坐专机，翻译通常已经在当地等候。

随同出访的议员，一般是参众两院与造访国家相关的友好协会主席，由出访地的法国侨民选举产生的议员最近也加入代表团。

总统府总务官

总统府总务官——多半是总务官助理——有时候也随团出访，但是不坐总统专机；他一般提前两三天到达，保证总统抵达前一切准备就绪，包括酒店的总统套房或者大使官邸。根据需要，他不仅负责总统接见当地法国侨民社团的招待会，而且还负责官方代表团、非官方代表团以及技术代表团（简称DO，DNO和DT）的餐饮。总务官还得注意，总统菜单上不能有禁忌或他不喜欢的菜肴。

就任总统的当天，弗朗索瓦·奥朗德飞往柏林，首次与安格拉·默克尔共进正式晚餐。席间上了一道芦笋，他不喜欢吃芦笋，媒体为此做了报道[2]。后来有人告诉我，总务官没有丝

---

1 采访伯努瓦·吕刚（2013年11月27日）。2005年，我参加国防高等研究院（IHEDN）第56期全国研修班，伯努瓦·吕刚是我的同窗，在同一个工作小组学习。他曾经是希拉克总统的副官，现任海军参谋部准将。

2 克里斯蒂安·鲁多. 国家元首的大厨：巅峰的厨师高帽. 巴黎：世界报杂志，2013.09.07.

毫过错，因为总统及其周围的人没有把爱丽舍宫新主人的饮食喜好告诉礼宾司和总务处。

总务官或他的助理虽然不在专机上，但是飞机上还有一位管家"私人服务"，照顾总统的行李，而且总有一辆车子供他支配。下了飞机后，根据情况，这位管家或者跟随总统，或者到总统套房与总务官会合。如果不跟随总统，他就会把一个服装套袋交给化妆师，里面有一套正装、衬衫和替换的领带，万一遇到什么意外情况，总统身上穿的衣服可以及时替换。

"其他非去不可的人"

总统夫人或伴侣

迄今为止，法国还没有选出共和国女总统，因此"伴侣"在这儿仅指女性。

顺便插一句，2007 年尼古拉·萨科齐当上总统之后，媒体流行"法国第一夫人"的说法，其实法兰西共和国此前从来不用这种称呼。它借鉴"美国第一夫人"（First Lady of the United States），美国使用这种称呼，但它不是正式的头衔。

只要总统愿意，总统夫人或伴侣当然有权随团出访，可以进入专机。她陪元首出行的时候，会有一位礼仪人员确保她个人活动的顺利进行，一位警卫予以保护，保证她在任何场合都不会受到代表团众多成员或者记者们的拥挤，因为为了挤到总统身边，那些人常常你推我搡的。

"总统特邀嘉宾"

戴高乐将军在正式访问的时候不带特邀嘉宾。吉斯卡尔·德斯坦总统也是这么做的，他亲口对我说："我希望继承戴高乐的路线，即保持法兰西共和国的体面和尊严，所以我只带正式官员出访。但同时显示一种现代开放的姿态，我本人比较随和，更多地提到我的家庭。戴高乐将军的法国概念是属于战后的，而我的楷模是肯尼迪。"[1]

弗朗索瓦·密特朗总统开创了特邀嘉宾的先河。邀请对象可以是作家、在法国或在东道国有名的艺术家、著名科学家（比如诺贝尔奖获得者）、运动员（奥运会或世界锦标赛的金牌得主）、总统特表敬意的法国离任或在任的政要、总统的老同学、总统竞选的支持者、精通东道国事务的专家、外省的著名议员以及与总统关系密切的记者，后者不占记者的名额。这些"特邀嘉宾"人数有限，他们都坐总统专机。

比如弗朗索瓦·密特朗1993年9月带索菲·玛索访问韩国。1995年访问哥伦比亚，把弗朗索瓦兹·萨冈带到波哥大；弗朗索瓦兹·萨冈突然感到身体不适，媒体搞不清其中的缘由：不知是高原反应，还是招待酒会上香槟酒喝得太猛、太多[2]。此时的文化部长雅克·朗格告诉媒体是"高原反应"，哥伦比亚首都波哥大海拔很高。其实萨冈处在休克状态，情况十分严重。她差点就"留在那儿了"，因为她肯定吸食了过量的海洛因。弗朗索瓦·密特朗唯恐她死在当地，催洛朗·迪马处理此事。"洛朗，想办法别让她死在这儿。"密特朗说道[3]。总统医生诊断认为，如果不紧急遣送回国，她会有生命危险。雅克·朗格"使尽浑身解数活跃气氛"，与此同时，洛朗·迪马从法国调来一架医疗救护机[4]。弗朗索瓦兹·萨冈被送进医院，等待遣送回国。大家这时候才发现，总统特邀嘉宾跟正式随行人员不一样，他们没有上过保险。当时只有两种选择，一是请专业公司派飞机接人，二是调用在维拉库伯雷"待命"的猎鹰

---

1 采访共和国前总统瓦雷里·吉斯卡尔·德斯坦（2014年3月12日）。

2 斯特凡妮·马尔托《欢迎光临奥朗德空军一号》，刊《世界报杂志》2013年6月15日。

3 采访洛朗·迪马（2014年9月2日）。

4 洛朗·迪马. 打击与创伤. 巴黎：寻找正午出版社，2011：284.

50 医疗机。最终选择了后者，因为价格便宜一些[1]。

档案资料表明，让·达尼埃尔、克莉丝汀娜·弗斯内、玛赛勒·帕多瓦尼、让－雅克·塞尔旺－施赖贝尔等都多次成为弗朗索瓦·密特朗的特邀嘉宾。

1999 年，雅克·希拉克邀请人类学家让·马洛里访问加拿大北方区，来到因纽特人的自治领地努纳武特。让·马洛里在 1955 年写了《极北之地的最后诸王》，畅销一时，让法国老百姓认识了当时被称为"爱斯基摩人"的北方土著部落。

2007 年 10 月初，尼古拉·萨科齐带西尔维·瓦尔坦访问保加利亚。那时塞西莉亚·萨科齐已经决心离婚，不愿意陪他出访，曾经遭到卡扎菲关押的保加利亚护士们非常失望，因为塞西莉亚亲自斡旋、促成她们获释。尽管西尔维·瓦尔坦生在保加利亚，但是她的到来无济于事，护士们仍然很伤心。总统设法为夫人缺席找个说法，说是她参与营救后招来非议、身心受到打击的缘故。尼古拉·萨科齐后来还邀请过前名模法丽达·凯尔法（新婚妻子卡尔拉·布鲁尼－萨科齐的密友）访问印度。

弗朗索瓦·奥朗德目前还没有充分利用这种传统。不过 2012 年访问阿尔及利亚的时候，他破例邀请了男影星凯德·麦拉德。

企业家、商界人士

事情到这儿就复杂了。事实上，只要在总统造访的国家有过生意，谁都觉得自己非去不可。一般来说，现在给他们准备的名额确实也比较多，大约有四十来个。戴高乐将军时代当然不能比了，瓦雷里·吉斯卡尔·德斯坦总统时期也做不到。申

1　克洛德·居布莱、米歇尔·戈诺，同前，第 95 页。

请来自四面八方。如果总统访问期间，法国雇主联合会在当地举办活动的话，法国雇主联合会国际部会提交自己的名单。总统顾问们也有自己的偏好，巴黎证券交易所排名前四十的上市公司通常都会出场，有些直接给总统的"向导"、爱丽舍宫秘书长乃至总统本人打电话。弗朗索瓦·奥朗德出访外国前几天，充满活力的中小企业对皮埃尔－勒内·勒马、埃马纽埃尔·马克龙或让－奥迪斯格外青睐。让－皮埃尔·儒耶、雅克·奥迪贝尔或劳伦斯·伯恩的情况也是如此。

外事顾问然后按照一定的标准，撇去那些不得不拒绝的申请，不过处理起来总是相当棘手。他拟定草案后，向外贸部办公厅和爱丽舍宫"经济"小组报批，最后由总统本人确定名单。

某个大集团加入总统出访行列之后，即使出访期间签不成合同，也可以让人觉得它获得了国家最高层的支持。只要善于利用，还是很有好处的。

这四十来位人士将和总统一起参加重要活动或出席欢迎晚宴，其中只有五至六人能坐总统专机，其余人士将和记者一起出行。飞机通常比总统专机早降落，有时候提前一天到达，以便媒体能够报道总统到达的盛况。这样一来，免不了互相嫉妒。2013年弗朗索瓦·奥朗德访华，总统专机坐着让－皮埃尔·儒耶（国家信托储蓄银行）、亨利·普格里奥（法国电力集团）、皮埃尔·蒙然（巴黎公共交通管理局）、法布里斯·布雷吉耶（空客集团）、让－马克·雅纳亚克（威立雅运输发展）和吕克·乌尔塞（阿海珐集团）。

保罗·普达德记述说，2004年10月，雅克·希拉克正式访华，弗朗索瓦·皮诺和贝尔纳·阿尔诺一路上互相嫉妒，雅克·希拉克亲自做工作，以免两人失和[1]。

1　保罗·普达德，同前，第228~231页。

商界人士提前几年付清国防部制定的统包价，至少大集团是这么做的。如果是中小企业，费用可以协商。爱丽舍宫可以负责预订酒店，但住宿费是由企业自行承担的。

记者与新闻服务

各类媒体——包括网络上强势出击的、不那么正式的新媒体——日益成为外交舞台上的主角，尽管外交舞台有权保持一定的隐秘。我们每个人都记得，弗朗索瓦·密特朗和赫尔穆特·科尔1984年9月22日在凡尔登牵手肃立的照片，这张照片比任何演说更雄辩地体现了法德两国的和解。因此，媒体也是必不可少的，需要大量的后勤保障。

国事访问或正式访问之际，礼宾司执行媒体认可程序。记者证持有者均可以参加总统或总理的正式访问。总统府（总理府亦如此）投入大量人力物力，保证负责报道的记者们享受到最好的工作条件。总统府（或总理府）新闻处的工作人员，专门负责陪同记者，总统的新闻与交流顾问当然也参与这项工作。

记者们将和非正式代表团的成员、商界人士一起，坐另一架飞机，先于总统专机到达。密特朗担任总统之前，爱丽舍宫新闻协会习惯租用航空班机的座位，经常到最后一刻才能确定座位的数量，所以操作起来很复杂。现在改用ET60飞行大队的飞机。爱丽舍宫的官方摄影师也坐这架飞机。所以记者有充分的时间，报道总统抵达的盛况。他们集中住在专门预留的酒店，配有设备齐全的新闻大厅。大批记者跟随总统活动，至少有四十多人，有时候多达上百人。因此要准备几辆大客车，更何况他们还携带大量设备。

三四名记者可以进入总统专机。雅克·希拉克、尼古拉·萨科齐起初总带着二三名记者，后来放弃了这种做法。弗朗索瓦·奥朗德如今恢复以往的做法，不过偶尔为之。

从萨科齐总统任期开始，记者们出行也得付一笔统包费，不过要比他们自行安排便宜。酒店住宿也由他们自己支付。总统府新闻处承担记者工作室的装修费以及新闻发布会的场地费。

新闻处只有三名成员，工作量很大，只能紧张地连续作业。随总统出访过的记者都认识埃弗利娜·里夏尔。她是总统府新闻处处长，负责记者的出行事宜。1983 年 5 月，我陪弗朗索瓦·密特朗访问尼泊尔和中国时跟她初次相识。2013 年 4 月，弗朗索瓦·奥朗德访问中国，我也参加了，又见到了她，依然是一副泰然自若的样子。她从乔治·蓬皮杜总统时期起至今，一直负责这项棘手的工作，从未中断过。

新闻处有各种故事，有些令人发噱，有些令人唏嘘。雅克·希拉克总统访问沙特阿拉伯的时候，一辆记者大巴在沙漠公路上飞驰，但是司机不知道自己要去哪儿，大巴上没人会说阿拉伯语。当时手机还没有问世，结果在茫茫的沙漠里迷了路。

还有一次，雅克·希拉克首次出国访问突尼斯，一位记者没有赶上记者大巴，就租了当地的出租车追赶。为了撵上大巴，司机把车开得飞快，结果不慎翻车，记者死于车祸[1]。

总务处

总务处负责爱丽舍宫的正式招待会（午餐、晚餐、鸡尾酒会）、外国元首在国宾馆的起居以及法国总统的出访。

总务处的成员从事不同的工种，有管家、厨师、洗涤女工、花匠、银器保管员、酒务总管等。总务处有自己的供应商，在那儿采购服务所需的物品。总务处还负责总统的私人服务[2]。

1　采访埃弗利娜·里夏尔（2014 年 3 月 25 日）。
2　法国总统府官方网站。

总统出访的顺利、成功与否，总务处起着至关重要的作用，因为它不仅要确保代表团和记者的餐饮，还要组织会见法国侨民的活动。

摄影处

1897 年 4 月，第三共和国菲力克斯·福尔总统正式访问拉罗什絮雍、尼奥尔，成为首位进入卢米埃尔兄弟公司摄影镜头的法国总统。

爱丽舍宫摄影处成立于 1952 年，接替内政部官方出访处的工作。从 1952 年到 1958 年，摄影处大约拍了 8000 多张照片，报道樊桑·奥里奥尔总统和热内·科蒂总统的活动，共计 1200 次（平均每年报道 200 次）。出人意料的是，戴高乐将军进入爱丽舍宫之后，没有改变摄影处的运作方式。蓬皮杜总统就任初期，三名共和国卫兵承担摄影处的工作，他们没有受过专门的摄影训练，一如既往地详细拍摄国家元首的行政活动以及代表国家出席的各种活动。总统访问外省或外国的摄影任务，则交给得到授权的新闻社负责。

蓬皮杜总统在图卢兹出席协和式飞机揭幕仪式、1971 年访问比利时等，属于最早的涉及总统出行的摄影报道之一。在蓬皮杜当政期间，开始拍摄总统夫人的活动，吉斯卡尔·德斯坦总统手下要员的夫人们也受到如此待遇。吉斯卡尔·德斯坦担任总统期间，照片洗印之后，会成套地寄给某些重要人士，尤其是把递交国书的照片，寄给各国大使们。总统本人也会让人准备各项活动的个人相册，每本相册有 40 幅照片。总统任期届满时，他总共收到 122 本相册，不下 5000 幅照片[1]。总统本人最后开始关注摄影处从第四共和国成立以来所拍照片的正式存档工作。这些照片全部交给国家档案局保管。

1 　瓦雷里·吉斯卡尔·德斯坦. 权力与人生. 巴黎：同伴十二出版社，2006：18.

1981 年，摄影处的活动节奏与德斯坦执政 7 年间非常类似。使用彩色胶卷是唯一的显著变化，起先黑白、彩色胶卷轮流使用，1989 年起一律用彩色胶卷。那一年，爱丽舍宫新闻与通信负责人克里斯蒂娜·科坦，向弗朗索瓦·密特朗办公厅主任吉尔·梅热纳提出申请，希望把摄影处并入联络小组。后来没有结果，摄影处依然受军事指挥部管辖。

国家档案馆已经开始对几万张底片和接触印相照片进行数码扫描，以方便公众查阅。2004 年起，法国总统府配置了数码照相机。

半个多世纪以来，爱丽舍宫摄影处作了一万多次历任总统活动的摄影报道，共计五十多万张相片。存档照片的数量与日俱增，而且内容日益丰富[1]。

总统出行如何进行？

如今，总统在奥利机场登机，走把守严密的贵宾候机厅特别通道。随行的部长、议员、特邀嘉宾、礼宾以及后勤保障人员至少提前一小时来到候机厅。办完手续、收齐护照、托运行李贴上标签之后，大伙坐在候机厅沙发上闲聊，耐心等待。总统专机早已到位。看到礼宾人员示意登机，大家就背着或拖着随身行李走向专机，部长、顾问也不例外。这种做法据说始于希拉克时代，因为总统说过一句"自己的东西应该自己拿"。

走进机舱后，大家分别找自己的位子坐下，礼宾人员事先在座椅上贴了每个人的名字。代表团成员都会拿到一份礼宾司准备的"小册子"，里面有各种必要的信息，涉及到代表团以及每个人的活动安排、全部警卫人员的姓名和电话、译员、使馆人员、代表团和记者下榻的酒店、气象资料，甚至包括代表

1　帕斯卡尔·热内斯特，国家档案馆遗产保管主任，《第五共和国元首的照片：共和国总统府摄影处的库藏》。

团所到城市的地图。因为部长、议员、特邀嘉宾、商界人士有各自的活动安排。最好还是一字不落地照小册子的指示去做（尤其要记住各自所坐的车辆的号码），因为总统专机降落之后，代表团就会进入普通人无法想象的马拉松节奏。

总统到达机场，走进飞机，代表团已经全部就座。

与我在弗朗索瓦·密特朗时代看到的情况相比，现在宽松多了。当年总统在华西机场上飞机，正式代表团成员们列队等候总统到来。总统向每位随行人士致意，然后第一个走进机舱。

现在，飞机从停机坪向起飞跑道滑行时，总统马上来到机舱，跟部长、议员、特邀的嘉宾、商界人士、企业家和记者打个招呼，然后就回到自己的套间。大家系上安全带，飞机随即起飞。

飞行

"请大家系上安全带"的信号熄灭后，代表团就活跃起来。后舱的议员、特邀嘉宾走到前舱见自己要好的部长，某些部长来到后舱见记者，总统顾问和礼宾官在前后舱来回穿梭。礼宾官和一两名总统贴身顾问大胆地走进总统书房。跟其他长途飞行一样，机组服务员端来开胃酒、递上菜单，然后提供正餐。

这时候，大家看到礼宾官（或副礼宾官，假如是总理出访的话）来到某些人身边，俯身耳语几句，这些人悄悄地站起来，在众人多少有些艳羡的目光下，走进总统专机的餐厅。总统（或总理）邀请他们一起进餐或者跟他们谈些问题。

2013 年 4 月，弗朗索瓦·奥朗德访问中国，飞机餐厅的座位有限（十一座），他的女友在场，还有八位部长、让－皮埃尔·拉法兰、玛蒂娜·奥布里，所以总统没什么周旋的余地来邀请嘉宾上座。

让－马克·埃罗总理 2013 年 2 月访问柬埔寨和泰国时的

情况就不同了。总理夫人当然在场，不过当时只有一名部长随团访问，所以他就轻而易举地把三位议员、我、还有几名助手请到餐厅吃饭。很多人都在侈谈总统空客中的餐厅，其实没几个人见过。我亲眼目睹了，因此可以描写一番。

餐厅里斜放着一张椭圆形大桌子，可以摆上十一套餐具。餐厅给人的总体感觉是宽敞和明亮，但没有任何炫耀的成分。天花板中央有照明的圆形吸顶大灯，周围装一圈间接照明的顶棚灯，光照很舒适。米黄色的椅子，靠背上面为蓝色。椅子都在地板上固定，配有飞机颠簸时使用的安全带，只有一把椅子带扶手。餐厅右角落放着一台平板电视，在餐厅前后两道隔离板上，目前挂着两幅同样的抽象画，上面有红白蓝三色国旗。最后是左右两边的舷窗，很简单。餐桌也能用作办公桌。吃饭时铺上白色桌布，摆上法式餐桌必备的一些物品，但是不超过人们有权享受的飞行款待，桌上放着盛面包的小篮子，但是没有鲜花。

根据旅程的长短，总统可以在餐后召集助手开会，把这里当作办公室；或者直接在这儿办公，假如行程比较短的话。他也可以把人请到书房去，最多能请五个人。让－马克·埃罗总理曾在晚餐后把我请入书房，问一些涉及柬埔寨以及柬埔寨皇室的情况[1]。

用餐之后，飞机上灯光熄灭，跟国际长途飞行一样，代表团成员们相继入睡或者看影片。

机组人员会提前唤醒大家，让他们有时间吃一顿早餐，准备降落。

落地后，飞机缓缓驶向停机坪。与此同时，地面工作人员

1　我与柬埔寨前国王诺罗敦·西哈努克相识30多年，1992年娶了他的孙女——诺罗敦·夏卡朋亲王的女儿诺罗敦·南达－黛维公主——为妻，1994年我们的女儿加亚黛维出生。我们于1999年离婚。我与已故的诺罗敦·西哈努克太王以及柬埔寨王室依然保持很密切的关系。

赶紧铺红地毯，一直铺到总统专机的舷梯跟前。此时下飞机的顺序跟出发时正相反，总统率先从总统套间右侧的飞机左侧前舱门（总统专机没有右侧前舱门）走出来，夫人或女友——假如她们在场的话、部长们跟随其后，然后是一身戎装的总统参谋长。过去，副官和礼宾官会提前几分钟下飞机，跟对方的副官和礼宾联系，然后就位等待，总统与等候的嘉宾问候寒暄的时候，礼宾官必须逐一作介绍。萨科齐担任总统期间削减人员配置，取消了这种做法。

包括议员在内的代表团其他成员，从飞机左后舱门下飞机，赶紧找到分配给他们的车辆。"赛跑"即将开始了。

节奏

车队立即启程，往往不顾大家是否已找到了自己的座位。访问从此进入全程紧张的马拉松状态。代表团的某个成员，遇到突如其来的一点问题，都可能无车可乘或者眼睁睁地看着车队远去，很久之后才能与代表团会合。访问的节奏是总统决定的，因为活动都事先安排过，不能拖延。不过礼宾部门会尽量安排一些给大家"喘气的时间"。

有一次，弗朗索瓦·密特朗带着弟弟、航空专家雅克·密特朗访问印度。安排参观一家飞机制造厂，雅克应该到场，因为看的东西很多，密特朗总统想听弟弟的评价。一连串的会见、参观，代表团和车队马不停蹄地连轴转。去飞机制造厂之前，代表团参观了一座寺庙，雅克·密特朗在寺庙里多待了几分钟，没想到车队跟着总统像一阵风似的开走了。弟弟几分钟后回到停车场，不见轿车和大巴的踪影。没有人等他，而且没有人发觉漏下了他。那时候手机还没有问世，所以他通知不了任何人。到了飞机制造厂，总统找弟弟。弟弟人不在，大家顿时傻了眼，这才意识到他被落在寺庙那边了，于是赶紧派车去接人[1]。

礼宾人员在飞机上已经把护照收齐了，此时来到海关，核对全部签证之后盖章，取回行李，送往酒店。

访问的通常步骤

约会与会见

正式访问大都包含同样的"模块"，不过随着访问时间的长短、造访的国家以及总统希望突出的主线不同，当然也会有些变化。总统的活动模块有：检阅仪仗队，奏两国国歌，会见东道国元首、总理，两国总统小范围午餐，欢迎晚宴，互赠礼品，在议会发表演讲，在某所大学与学生交流，参观某家企业、研究机构或博物馆，接见法国侨民，与随行商界人士聚会，与记者对话，新闻发布会……总统还经常会见东道国合法的反对派代表（那是为了从长计议），或者偶尔在某些国家会见持不同政见者。

欢迎晚宴

官方代表团全体成员均出席欢迎晚宴，东道主至少派同样数量的人士作陪，通常超过代表团的人数，因此欢迎晚宴经常多达数百人。每位嘉宾都有自己的席卡，上面写着本人的名字。餐桌有条形的、U 形的、圆形的。中国采用圆桌面，围绕主宾席摆放，主宾席也是圆桌，不过尺寸比例的桌子大。两位总统在主宾席上就座，并排坐或者面对面坐，外加总统夫人、部长、两国大使以及两国总统特意邀请的代表团和东道国的重要人士。

礼宾司按照一定的逻辑关系，安排两位总统的顾问、特邀

1　采访埃弗利娜·里夏尔（2014 年 3 月 25 日）。

嘉宾、商界人士以及其他人士的座席。2013年4月24日，北京富丽堂皇的人民大会堂宴会厅举办欢迎晚宴，我被安排在弗朗索瓦·皮诺边上，4月25日的上海晚宴上，我和伯努瓦·普加将军是邻座。

只有一张大餐桌的时候，两位总统面对面坐。餐桌为U形的时候，他们并排坐，但是没有人坐在他们的对面。如果有几张圆桌的时候，他们也并排坐。

两国总统致辞和祝酒之后，晚宴才开始。宴会接近尾声，经常安排歌舞表演，东道国会请本国艺术家们演奏来宾国的保留曲目。作为法国人，我们在东道国十有八九会听到埃迪特·皮亚夫、伊夫·蒙当以及米雷耶·马蒂厄的歌曲。

以前总统访问时，要举办答谢宴会和歌剧院晚会。宴会使用爱丽舍宫的餐具，上面刻着法兰西共和国的纹章，专门由一架飞机运来。这个传统如今不复存在了，一是因为预算有限，二是早年的访问持续的时间比较长、更为隆重。戴高乐将军在拉丁美洲逗留了三周，乔治·蓬皮杜和瓦雷里·吉斯卡尔·德斯坦在中国待了一周。雅克·希拉克是最后一位动用爱丽舍宫餐具的总统。那一年他访问英国，举办晚宴答谢伊丽莎白二世。法兰西共和国应当让温莎王朝看到"法国的家底依然殷实"。

互赠礼品、授勋

1997年刊印的《礼宾人员手册》指出：在法国，国家元首应当在初次会晤后互赠礼品；赠送时礼品应当打开，然后再装起来。其他国家经常也是这样规定的，除非双方礼宾部门达成一致，决定在另一个场合互赠礼品。

实际上，国家元首们在外交场合互赠礼品是一种传统的做法。礼品通常是著名艺术家的创作、象征两国友好关系或反映一个国家传统艺术精华的物品。

如果属于国事访问，总统礼品的"预算"可达 1500 ～ 2000 欧元；如果是工作访问，礼品的标准设在 300 ～ 400 欧元。正式出访的时候，爱丽舍宫由专人、专车负责礼品运输。礼品以前是由礼宾司负责的，但是从尼古拉·萨科齐总统开始，由总统府办公厅主任下属的部门来负责。

1973 年，蓬皮杜总统访问中国，周恩来送给他一幅毛泽东的书法复制品，还有徐悲鸿画的骏马图。乔治·蓬皮杜则向毛泽东夫人江青，赠送了记述法国大革命的 12 幅旧版画[1]。

1976 年，吉斯卡尔·德斯坦总统正式访问英国。英国女王送给他一条漂亮的拉布拉多猎犬。回国几天之后，爱丽舍宫给法国驻英国大使馆打电话，告诉对方说，总统非常喜欢那条猎犬，但是遇到一个难题：这条如此漂亮、非常完美的狗听不懂法语，不听从总统的指令。那怎么办呢？法国大使建议下属找英国人想办法。于是立刻行动。白金汉宫了解情况后，觉得此事超出自己的能力范围，于是转给负责这份王家礼品的温莎城堡解决。温莎城堡一番寻找之后，找到了养狗人。养狗人多次打电话，耐心解释这条猎犬习惯的英语口令。大使好不容易一一记下来，传给爱丽舍宫。爱丽舍宫请一位懂英文的速记员，将口令一字不落地记下。拉布拉多猎犬终于会随着口令坐下或者趴倒[2]。

弗朗索瓦·密特朗格外重视挑选他要送的礼品，为此定了两条规则：馈赠的物品必须是法国的，而且尽量符合对方的口味。所以，罗纳德·里根收到一副精美的卡马尔格马鞍，酷爱摩托车场地障碍赛的胡安·卡洛斯则收到一辆法国摩托车。弗朗索瓦·密特朗也很关心推广法国的特色创作，比如举世闻名

1　艾蒂安·马纳克. 远东回忆录. 巴黎：法亚尔出版社，1983：498~499.
2　米歇尔·席夫尔，米歇尔·萨拉赞. 密特朗的爱丽舍宫. 巴黎：阿兰·莫洛出版社，1985：215.

的手工制作（塞弗尔瓷器、葛布林织挂毡）和涅夫勒的陶瓷，他还喜欢赠送法国艺术新人的雕塑或绘画。

1981 年弗朗索瓦·密特朗出访朝鲜，我陪同访问。作为主要礼品，金日成送给他一扇黑色漆器屏风，山林飞鸟，非常精美。弗朗索瓦·密特朗回赠一个涅夫勒出产的瓷盘。如今这个瓷盘陈列在非凡的国礼博物馆。博物馆位于平壤以北的山区。金日成然后把自己的几本著作送给弗朗索瓦·密特朗。我早有预料，立刻拿出弗朗索瓦·密特朗写的书——《稻草与种子》《我的实情》《蜜蜂与建筑师》《此时此刻》。弗朗索瓦·密特朗不动声色地把书送给金日成。过了片刻，他悄悄地问我："您怎么会想到这一点呢？"这件事我事先的确没有跟他说过，不过我知道，朝鲜人一贯赠送"伟大领袖"的著作，所以我也不无幽默地如法炮制了。

和弗朗索瓦·密特朗一样，雅克·希拉克也喜欢扶持法国艺术家。他把理查尔·特谢尔的一件雕塑送给中国国家主席胡锦涛。有时候他会建议道："我想带本书。您去问一下德维尔潘，他对此无所不知。"多米尼克·德维尔潘当时担任爱丽舍宫秘书长。礼宾人员于是与秘书长取得联系，后者推荐弗兰出版社，那儿有些书卖到一千多欧元[1]。

尼古拉·萨科齐 2010 年 10 月 8 日访问梵蒂冈，将夏多布里昂的《基督教真谛》和《墓畔回忆录》原版赠送给教皇本笃十六世。1828—1829 年间，夏多布里昂出任法国驻梵蒂冈教廷使馆大使。之前，尼古拉·萨科齐第一次在罗马教廷拜见教皇的时候，曾经不停地查看手机，送这份贵重礼品的目的，也许是想请教皇原谅自己当初的态度。

当时，法国政府驱逐罗姆人的政策引起法国主教团的抨

1　保罗·普达德，同前，第 158 页。

击，总统访问旨在缓解天主教与法国政府的分歧。教皇的红色披肩上搭着一条襟带，这种象征性的礼仪专门用于接待天主教国家的重要人物。两人会晤说法语，教皇本笃十六世精通这门语言。

2014年弗朗索瓦·奥朗德对美国进行国事访问，向巴拉克·奥巴马赠送1830年版的《拉法耶特全集》，美国总统回赠一张圆桌，用维农山庄的木料做的，桌子中间有一把巴士底狱钥匙的复制品。维农山庄归乔治·华盛顿所有。

有时候，我们的领导人会想出一些令人惊讶的礼品。泰国普密蓬国王热衷农事和饲养牲畜，雅克·希拉克送给他两头奶牛。1993年，土库曼斯坦总统送给弗朗索瓦·密特朗一匹纯种马。这匹马养在法国总统官邸——苏稽拉布里士城堡[1]，密特朗总统与安娜·潘若周末去城堡，他们的女儿马扎里娜常骑它。媒体曾经打听过这匹马的下落：它被送进国家种马场，死于肠绞痛[2]。

弗朗索瓦·奥朗德2012年12月访问阿尔及利亚，阿卜杜勒–阿齐兹·布特弗利卡总统送给他两匹披盔戴甲的马（一匹种马、一匹母马）。无独有偶，2013年2月访问马里，在通布图机场的停机坪上，即将启程回国的弗朗索瓦·奥朗德看见马里总送来一匹骆驼。弗朗索瓦·奥朗德摸着骆驼的脑袋说："我会尽可能把你当交通工具来用。"可是总统飞机带着骆驼回国，总不太雅观，因此爱丽舍宫下属部门把它留在当地，请人看管。问题是后来打听骆驼的消息的时候，发现总统骆驼好像被"收养之家"的人吃了[3]。

1　苏稽拉布里士城堡（位于埃松省）于1972年被赠送给国家，从1972到2007年为法国总统专用。然后拨给总理使用。该城堡还用于接待外国元首或重要的外国来宾。

2　洛朗·迪马，同前，第478页。

3　赫芬顿邮报.2013.04.09。

2014 年 3 月，奥朗德总统送给中国国家主席习近平的礼品，可谓"传统"到了极点。尽管有些人士建议给中国国家主席夫妇送一对朗布伊埃森林的雌雄鹿，但弗朗索瓦·奥朗德固执己见，送了一只塞弗尔瓷花瓶、一枚法中建交五十周年纪念金币、一尊雕塑家纳塞拉·凯努陶制的暗铜色戴高乐将军胸像、伊夫·博耶尔创作的集邮册、数瓶上等葡萄酒和一瓶1964 年的卡慕干邑。

可以抛开"经典"礼品、独辟蹊径，不过有风险。吉斯卡尔·德斯坦总统在这方面曾经饱受诟病，据称中非共和国前总统、后任中非皇帝的博卡萨送给他重达三十克拉的钻石，价值百万法郎[1]。吉斯卡尔·德斯坦总统多次私人访问中非，到那儿打猎。1975 年 3 月 5~6 日国事访问时与博卡萨结识，曾经两度在巴黎正式接见他。1977 年 12 月 4 日博卡萨自封皇帝，吉斯卡尔·德斯坦派合作部部长罗贝尔·加莱出席登基仪式，送了一把皇家马刀作为贺礼[2]。

还要考虑给东道国代表团成员准备礼品。弗朗索瓦·密特朗时代一般送水晶镇纸，上面镌刻橡树与橄榄树枝干交缠的总统纹章。使馆工作人员经常也会收到一份打火机之类的纪念品。出过一次差错：弗朗索瓦·密特朗首次出访英国的时候，爱丽舍宫带了一批打火机，但是没有仔细检查，结果法国使馆工作人员拿到的打火机上刻着瓦雷里·吉斯卡尔·德斯坦的印记[3]。

说到授勋，礼宾手册明文规定，"来访的国家元首荣获荣誉军团大十字勋章，元首夫人荣获国家功勋大十字奖章"。

1　鸭鸣报，1979.10.10.

2　马克斯姆·唐多内. 共和国总统的故事. 巴黎：贝兰出版社，2013：402.

3　米歇尔·席夫尔、米歇尔·萨拉赞，同前，第 212 页。

国家元首经常利用正式出访之机，给外国著名人士授勋。1983 年，弗朗索瓦·密特朗访问上海时，曾经给中国著名作家巴金授勋。巴金生于 1904 年，逝于 2005 年，享年 101 岁，以长篇小说《家》闻名于世。

2002 年 9 月 2~3 日，雅克·希拉克访问约翰内斯堡，不失时机地给南非女歌手米瑞安·马卡贝授勋。她会法语，曾经嫁给黑豹党领袖，是反种族歧视的杰出斗士。礼宾官告诉总统说，女歌手照例不能致辞感谢，不过可以用歌声表达谢意。那一天，米瑞安·马卡贝获得荣誉军团司令官荣誉勋章后，非常激动，她走到总统跟前，两人照惯例作授勋拥抱，不料她之后想跪吻总统的手。雅克·希拉克眼疾手快，立刻将她扶起，没让她屈膝行礼。米瑞安·马卡贝便带着全家人唱歌感谢，就像歌曲联唱似的，迷你音乐会持续了三四分钟。各家法国媒体均在头版刊登了当时的照片[1]。

使用语言与选择译员

在这些会见活动中，法国总统现在一般说法语，一名译员在场负责翻译。总统做演讲的时候，有时候会恰到好处地用上几个当地的词语。

戴高乐将军在这方面尤为突出。1964 年底访问拉丁美洲的时候，他全部用西班牙语做演讲，其实他不懂西班牙语，全靠念稿子。1962 年 9 月 4~9 日访问德意志联邦共和国，他总共做了 10 次演讲，其中 6 次使用德语，特别是面对德累斯顿蒂森厂的工人、以及 9 日对聚集在路德维希堡广场的德国青年做演讲的时候[2]。

---

1 保罗·普达德，同前，第 108 ~ 109 页.
2 塞德里克·格吕阿. 将军的各门语言. 巴黎: JC·拉戴斯出版社, 2010: 149~173.
  弗朗索瓦·弗洛伊克. 私下的戴高乐. 巴黎: 群岛出版社, 2010: 52~53.

1998 年秋，雅克·希拉克访问乌克兰。晚宴期间，他用俄语与列昂尼德·库奇马总统交谈。据总统副官伯努瓦·吕刚[1]讲，雅克·希拉克俄语说得不错。

如今，与记者或外国重要人士小范围交谈时，弗朗索瓦·奥朗德可能直接用英语[2]。

总统翻译是外交部的工作人员，属于外交译员中的精英。他们是国际会议口译员协会（AIIC）成员，该协会在全球约有 2500 名成员，都是业界的翘楚。他们恪守职业操守，绝不泄露他们知晓的机密。"译员"这个词其实难以准确形容这些"低声耳语"的高手，没有他们，就没有名副其实的外交会见。人们眼中的"小椅子"无处不在，出没于各种会见，乃至最机密的会晤。他们坐在总统身后，在正式或非正式宴请之类的场合，都必须"同声"翻译，不仅翻译说话的内容，而且传达对方的表达方式，指出措辞使用不当或者自相矛盾："我觉得首相想说……"或者"君主陛下略带幽默地断言……"。他们就这样与自己的老板"走得近了"，至少对那些经常陪同总统的译员来说是如此，比如英语或德语译员。

布丽吉特·斯托法埃，结婚前姓索泽（2003 年去世），曾经多年担任弗朗索瓦·密特朗的德语翻译。她在场，密特朗就感到放心，那是相互的好感。弗朗索瓦·密特朗 1 月 4 日还在弗雷德里克－勒－普雷大街接见她，几天后她便与世长辞[3]。

1994 年弗朗索瓦·密特朗访问中国，另一名翻译也红极一时。那是在南京，一间阶梯教室里挤满了中国学生。弗朗索

1　采访伯努瓦·吕刚（2013 年 11 月 27 日）。

2　采访保罗·让－奥尔蒂斯（2013 年 11 月 22 日）。

3　洛朗·迪马，同前，第 483 页。

瓦·密特朗说了一个很长的句子，译员翻得非常简短，只见总统一反常态，直接问译员翻译得好不好。然后总统幽默地对学生们说："你们看，我懂中文，可以对译员提意见。"那位译员把总统的话译成汉语，惹得阶梯教室中哄堂大笑。过了几年，有人向我表示祝贺，说南京那次翻译挺精彩，他们误以为我是那天的译员。我当时的确在场，跟总统"特邀嘉宾"在一起，不过翻译不是我负责的。1981年，我筹备组织弗朗索瓦·密特朗访华的时候，除了正式会见，我做过很多翻译。可是到了1994年，由于平时不太用，我的汉语水平显著下降，根本翻不了总统的演讲。再说了，我毕竟不是外交部认证的译员。南京那天的翻译是吉尔·乌弗拉尔。

2014年3月，中国国家主席习近平访问法国，贝·路易负责在弗朗索瓦·奥朗德总统身边"轻声耳译"。

接见法侨社团

一般来说，我们就地取材，依靠东道国的资源来招待法侨社团，成箱的葡萄酒和香槟可以借助总统专机的行李舱运输，大多是为了节省经费，因为有些国家的酒类关税很高。葡萄酒和香槟通常跟代表团的二号机提前一天到达。招待会可以安排在大使馆邸或者在使馆以外的地方举办。总务根据来宾数量多少，决定使用大使馆内部人员，或者使用当地服务提供商的人员。总务处会制定一份标书，动用市场竞争机制选择供应商。为了节省预算，鸡尾酒会如今限制为12种点心，供应商报价不含葡萄酒和香槟。入选的供应商一般都免收"开瓶费"。

招待会必须考虑当地的饮食习惯。比如海湾国家不吃猪肉，餐桌上没有酒，做菜也不用酒。在允许饮酒的国家，我们优先使用法国酒（葡萄酒或香槟酒），不上威士忌。

招待会空间有限，来宾比较挤，为了减少人们来回走动，每张桌子上同时放着饮料和食物，而不是分开摆放。每张桌子上，前面放食品，饮料放在后面。总统到达之前，拉一根细绳把来宾与桌子隔开。来宾们站着等待，一般会送上饮料，通常是水，为安全起见，杯子是塑料的。总统发表演说之前，先打开几瓶香槟酒，以免开酒瓶的声音太响。总统致辞后奏《马赛曲》，同时悄悄撤去细绳。为了安全和方便起见，招待会不再使用刀叉，只供应小块点心，按人均十二块的标准[1]。

尊重宗教的饮食习惯，特别在有政治因素考虑的情况下，的确很让外交界头疼。1994 年 4 月，伊朗总统穆罕默德·哈塔米原定访问法国被迫取消，因为伊朗方面坚持国宴不上葡萄酒，而且不能有女性出席。这种过时的苛求与法国传统和国际惯例背道而驰，法国总统当然不能让步。另一方面，伊朗的礼宾部门也不能妥协，因为这是自 1979 年后，伊朗总统首次访问法国。极端保守派把穆罕默德·哈塔米看作改革派总统，觉得他很不可靠，密切注视总统的一言一行，任何过失都会被他们抓住做文章。访问被取消了，但是毕竟要促成伊朗总统的法国之行，后者于 1999 年 10 月 28 日来到法国。当时主持礼宾司工作的弗雷德里克·格拉塞大使发明用"国茶"代替"国宴"，在爱丽舍宫安排一次下午茶，雅克·希拉克、哈塔米总统、双方部长以及顾问得以会晤，大家各得其所，也没有落下话柄。迄今为止，"国茶"的概念在法兰西共和国历史上只用过这么一次[2]。

代表团其他成员的活动安排

第一夫人不陪总统活动的时候，会安排她参观文化、社会机构，会见作家或艺术家。

1　采访塞巴斯蒂安·科尼埃，爱丽舍宫副总务长（2013 年 11 月 22 日）。
2　采访弗雷德里克·格拉塞（2014 年 3 月 21 日）。

部长们则按照总统会见的不同级别，或多或少要跟随总统活动，但不是一窝蜂地跟着到处跑。议员和总统"特邀嘉宾"也有个别的活动安排，他们只在某些参观、会见企业家、出席国宴等场合与总统会合。如果对某个国家的访问分为几段行程的话，他们也可能在专机上见总统。

只要条件允许，弗朗索瓦·密特朗会组织一顿私人晚餐，款待他请来的嘉宾、议会议员和一些记者。大家随便交谈，气氛相当轻松。1983 年访华期间，弗朗索瓦·密特朗在中国钓鱼台国宾馆就这样请人吃过晚饭。我受到邀请，坐得离他很近。吃着吃着，他想起 1981 年我陪他来过中国，便问道："您呢，冈巴塞雷斯，除了中法关系，您还干些什么呢？"当时我被选为索米埃县的县长，在加尔省从政，希望成为大区议会议员和国民议会议员（几年后我当上了国民议会议员），于是就如实答道："从事政治，总统先生。"现在回想起来，觉得自己当时的回答，对于一辈子搞政治的总统而言，无疑于味同嚼蜡。假如我回答说"我花好多时间去设法了解女性"或"我在加尔省酿酒"，他的兴趣肯定会大一些。可是我当时还年轻，没这个胆量。

记者们则不一样，他们跟着总统行动，因此需要安排足够的运力，以便随时护送，不光送记者，还要送他们的全套设备。有些地方，随行记者不可能全都进去，新闻处把他们分成几拨，这次你进去，下次就轮到我，条件是与场外的同行分享现场所拍的照片。埃弗利娜·里夏尔以及负责这项任务的团队成员办事缜密、说一不二，做起来很顺畅，而且很公平。拍来的照片可以直接或者稍后在记者大厅里分发。演讲的内容则直接发往巴黎。

访问期间，所有的记者，总统都会见到，不是在每天正式的记者例会上，就是在酒店的酒吧安排比较私密的记者聚会上，还有在大使的官邸。爱丽舍宫发言人或者总统外事顾问也会不时地来到记者大厅，简要地通报情况。

最后，他们和接待国的同行们一起，参加访问结束前夕联合或单方举行的记者会。

至于商界人士们，他们经常利用总统出访的机会，专门约见某些人，或者见他们在当地的团队。其中三四位与重要合同相关的人士，将出席由两国总统见证的签约仪式。

出访的后续活动以及归程

以前总统出访的时候，至少安排一天以观光为主的隆重的"文化"旅游。瓦雷里·吉斯卡尔·德斯坦和弗朗索瓦·密特朗，分别在 1980 年和 1983 年访问中国，他们都到西安参观了中国第一位皇帝秦始皇陵墓附近的兵马俑。1980 年访问时，瓦雷里·吉斯卡尔·德斯坦还坚持要去西藏。1993 年访问柬埔寨的时候，弗朗索瓦·密特朗参观暹粒的吴哥窟，1994 年访问乌兹别克斯坦，去看了撒马尔罕的帖木儿陵墓。

如今，这类访问活动尽量压缩。2010 年 12 月，尼古拉·萨科齐与卡尔拉·布吕尼对印度进行为期 4 天的访问，破例留了一天半时间，参观泰姬陵和法塔赫布尔·西格里的莫卧儿古城。如此高调的恩爱秀当然引起纷纷议论。2013 年 4 月访华期间，弗朗索瓦·奥朗德和瓦莱丽·特里耶韦莱在北京闪电式地参观了紫禁城。

礼宾部门对返回巴黎也做了整套的礼仪规定。戴高乐将军以及后来的总统们，无论几点到达，总理和一些内阁成员都必须亲临接机。不难想象弗朗索瓦·密特朗万里迢迢回到巴黎，看到米歇尔·罗卡被迫半夜起来，凌晨 4 点赶到华西机场贵宾厅迎接自己，心里该多么得意。雅克·希拉克连任之后，取消了这种礼宾规定。

对代表团的礼宾接待也完全取消。抵达奥利机场贵宾厅之后，大家坐上官方车辆（通常是一辆面包车）、秘书及时预定的出租车或搭乘公司老总的专人驾驶友情车，到总理府取回托运行李，然后尽快回家。

第二部分
一些令人难忘的总统出访

总统的双边正式出访，今天变得如此的频繁，本书当然不可能一一罗列。举个例子，从 1982~1984 年，弗朗索瓦·密特朗出访 51 次（外加 15 次多边出访）；1996~1998 年，雅克·希拉克出访 62 次（还有 18 次多边出访）；而 2008 年，尼古拉·萨科齐一年内就出访 29 次（再加上 7 次多边出访）。各种类型的出访加在一起，总体增长的趋势十分明显。戴高乐平均每年出国访问 3 次多一点，蓬皮杜将近 5 次，吉斯卡尔·德斯坦 11 次，密特朗 17 次，希拉克 25 次，萨科齐 39 次[1]，奥朗德 42 次[2]。

我原本也可以选择每位总统的两三次出访，照时间先后来介绍，不过这样读起来可能有些乏味。于是决定把总统出访归为历史、媒体、趣事等值得一谈的大类，比如最震撼的访问，最动荡的访问，最具象征性的访问，最反差的、历时最长和最短的访问等"前所未有的"访问……这样做当然有风险，可能漏掉许多从某个角度来看也很重要的访问。我会特别提到对中国的访问，不只是因为我们大家都身不由己地向往这个国家，而且还因为我曾陪同两位总统——弗朗索瓦·密特朗、弗朗索瓦·奥朗德——去过中国。

1　资料来源：共和国总统档案处，马克斯姆·唐多内，同前，第 526 页。
2　总统府办公厅主任伊莎贝尔·西马 2014 年 10 月 30 日提供的数据。30 个月出访 106 次，69 次为双边访问，37 次为多边访问，不包括往返布鲁塞尔的次数。

最为历史性的访问

我们在这儿会选戴高乐将军 1966 年的柬埔寨之行及其"金边演说"、1967 年他对加拿大的访问以及那句著名的"自由魁北克万岁！"；1982 年弗朗索瓦·密特朗的以色列之行和他的"国会演讲"、1983 年 1 月他对联邦德国的访问以及在联邦议会上做的关于"力量平衡"的演说。至于尼古拉·萨科齐，我们将选 2007 年的塞内加尔之行以及著名的"达喀尔演讲"。

戴高乐：1966 年 9 月的"金边演说"

柬埔寨国王诺罗敦·西哈努克，从 1946 年开始，就与戴高乐将军保持着密切的关系。1946 年 5~6 月，西哈努克首次对法国进行国事访问，提出拜见戴高乐将军，尽管后者当时已经下野了。西哈努克此举让戴高乐将军很感动，于是邀请他单独来拉布瓦瑟里寓所，不带随从。国王当时才 25 岁，很年轻，受到自己最敬仰的将军邀请，心里美滋滋的。可是当他跨过进拉布瓦瑟里的门槛，沿着山毛榉、千金榆、黄杨夹道的小径往前走的时候，不禁有些忐忑。他朝两边竖有石柱的橡木大门走去，脚踩砂砾的沙沙声在心头回响。将军和夫人接待西哈努克，温馨地饮茶。将军先带他看了自己在六边形角楼中的办公室，然后把他请到隔壁书房的窗边坐下。书房的墙上贴着黑白瓷砖，戴高乐夫人的木书桌嵌在占了一大片墙面的书架中，书房里还放着戴高乐将军的桥牌桌，将军习惯在这儿玩单人纸牌。戴高乐夫人亲手沏茶，然后坐下来陪他们。

两人从此开始了长期的友好交往，多半是书信往来。1958 年 6 月重新执政之后，戴高乐立即致信柬埔寨王室政府示好。1959 年 5 月 21 日，他在爱丽舍宫设午宴欢迎当时在法国疗养的西哈努克。从此以后，他不断地关心远东地区事务，对情况了如指掌。诺罗敦·西哈努克后来甚至称，戴高乐是"唯一理解东南亚问题，并提出具体解决方案的西方领导人"。[1]

很长一段时间内，诺罗敦·西哈努克是拉布瓦瑟里寓所接待过的唯一外国元首。1958 年 9 月，康拉德·阿登纳也去过那儿。戴高乐将军担任法兰西共和国总统之后，诺罗敦·西哈努克于 1966 年邀请戴高乐将军访问柬埔寨，当时美国人已经卷入日后的"越南战争"。

戴高乐将军欣然接受邀请，把柬埔寨之行纳入他最擅长的长途出访之中。他 8 月 25 日从巴黎出发，作为期三周左右的环球之旅。根据日程安排，他将访问吉布提、亚的斯亚贝巴、金边、努美阿，最后是大溪地。然后，戴高乐将军将乘上"格拉斯"巡洋舰，在穆鲁罗阿观看核爆炸试验。最后坐飞机返回巴黎，中途在皮特尔角着陆，让美国人看看，他不用申请飞越美国领空也能够回法国。

他在海外行政区国务大臣皮埃尔·比约特将军陪同下抵达吉布提，不巧当地发生骚乱。戴高乐将军镇定自若，让国务大臣去处理，自己前往亚的斯亚贝巴继续访问，拜访自己在伦敦结识的老朋友、埃塞俄比亚的皇帝海尔·塞拉西一世[2]。然后去柬埔寨访问。

戴高乐将军的柬埔寨之行格外引人注目。8 月 30 日开始，9 月 3 日结束，无论在金边还是暹粒，都受到诺罗敦·西哈努克国王的盛情款待。

西哈努克国王提前数周，动员各界精英和全国百姓准备迎

1　世界报，1964.06.04.

2　采访让·蒙佩扎（2014 年 1 月 18 日）。让·蒙佩扎时任海外行政区国务大臣皮埃尔·比约特将军办公厅主任。我在就读国立行政学院时与他相识，当时他是海外行政区外交事务主任，负责给伏尔泰届的学生讲《国际环境下的安的列斯群岛》。

接来访的戴高乐将军。母后哥沙曼[1]——诺罗敦·西哈努克的母亲——也亲自参与。

那时候，母后哥沙曼是"王位最高守护者"。柬埔寨实行一种奇怪的君主制，它的元首不是国王。西哈努克从1945年起成为柬埔寨国王，1955年退位，将王位让给父亲苏拉玛里特。苏拉玛里特国王于1960年4月3日去世。西哈努克不愿意再次登基，别的亲王也无人想问鼎王位。根据6月5日的全民公决以及参众两院的决定，宣布西哈努克担任国家元首，依然保存君主制，西哈努克的母亲获得"王位最高守护者"的称号[2]。

为了迎接戴高乐将军的来访，哥沙曼王后从平时起居的凯玛灵宫搬出来，以便对宫殿作必要的修缮，添加现代设施：戴高乐将军和他的妻子伊冯娜将在此下榻。城里的官方纪念物重新油漆，种树，还插了许多悬挂法国国旗的旗杆。西哈努克希望戴高乐将军对柬埔寨的访问给人留下难忘的印象。

哥沙曼王后跟儿子亲临机场迎接法国总统。从机场到王宫，成千上万年轻人簇拥在戴高乐途经的道路两旁，高呼"戴高乐万岁！法兰西万岁！"到达皇宫之后，先在金銮殿会见，然后燃放焰火，接着在凯玛灵宫大门左侧的大厅里举办盛大晚宴。诺罗敦·西哈努克后来每次在这个大厅宴请宾客，都会提起自己曾经在此设晚宴招待戴高乐将军。国宴之后观看高棉王家芭蕾舞演出，明星舞蹈演员不是别人，而是诺罗敦·西哈努克的女儿——美丽的帕花·黛维公主。

第二天，戴高乐将军前往暹粒参观吴哥窟。晚上回到金边的凯玛灵宫，诺罗敦·西哈努克先请戴高乐将军夫妇在前厅坐

1　哥沙曼母后是西索瓦家族的公主，因为她是西索瓦·莫尼旺国王（1941年故世）的女儿，嫁给诺罗敦·苏拉玛里特（1960年故世）。

2　让－马里·冈巴塞雷斯．西哈努克——永不沉没的国王．巴黎：寻找正午出版社，2013：113~115.

下，拿出大提琴，专门为他们俩拉了几段自己创作的曲子，然后把他们送回房间休息。戴高乐将军和夫人共享了这段少有的美好时光，很受感动。将军夫人也很喜欢[1]。

第三天是 9 月 1 日，戴高乐将军来到金边体育场，10 万民众和世界各大媒体在此等候。他和西哈努克坐敞篷车环绕体育场一周，然后登上主席台。数千名群众演员同时翻转手持的彩色板，组成戴高乐的巨幅头像，还在头像周围拼出"欢迎戴高乐将军"[2]的口号。戴高乐将军在这种热烈的气氛中做了著名的演讲。

他在演讲中解释了法国对越南事件的立场，认为那是第二次印度支那战争的开端，他严厉谴责美国对越南冲突的政治和军事干预。"法国认为，蔓延印度支那的战火不会有任何出路……总之，尽管局面严峻，冲突必定旷日持久，但是法国确信，武力解决不了问题。"这篇演讲在当年被称为"金边演讲"，在国际上轰动一时[3]。这次访问取得的成果对法柬关系和国际政策都非常重要。

比约特将军跟代表团部分成员一起离开法国，在吉布提停留之后，直接飞往新喀里多尼亚，戴高乐将军结束柬埔寨之行后，也前往吉布提，与全体代表团会合[4]。

金边演说，再加上几天后将发生的事件，即向法属玻里尼西亚的穆鲁罗阿环礁投掷参宿四核弹[5]，这一切的确让戴高乐将军认为，这次出访实现了自己期望达到的巅峰。

---

1 采访让·蒙佩扎（2014 年 4 月 7 日）。
2 如今只有朝鲜还保存着这种技艺。柬埔寨 1966 年得到朝鲜的帮助。
3 让－马里·冈巴塞雷斯，同前，第 126~127 页。
4 除了比约特将军，代表团还包括他的办公室主任乔治·加利雄、新闻处主任吉贝尔·佩罗尔、特别参谋让·菲利蓬上将和让·蒙佩扎。
5 每次核试验都有名字。阿尔及利亚独立前，法国在撒哈拉沙漠的雷干地区首次核试验名为蓝色跳鼠。1966 年 9 月 11 日爆炸的核弹参宿四有 11 万吨当量，采用气球试爆。那年 7 月份，还进行 3 次试爆。戴高乐将军 9 月 6 日抵达大溪地法阿机场，受到皮埃尔·梅斯梅尔、阿兰·佩尔菲特迎接，他们与戴高乐将军会合，观摩核弹参宿四的试爆。

他内心的喜悦溢于言表。比约特将军推崇大西洋联盟，有时候连戴高乐将军都觉得他有点过了，所以当着众人的面——让·蒙佩扎也在场——说起美国人，略带嘲讽地调侃道："比约特，您看到，我在金边让他们吃不了兜着走！"当然大家一笑了之，没有人敢顶嘴，戴高乐对此心知肚明。周围的人对戴高乐将军毕恭毕敬，但是同时也真心爱戴他[1]。

戴高乐：1967 年 7 月的"自由魁北克万岁！"

1967 年 7 月23~26 日，戴高乐将军的魁北克之行也将在法国对外关系史册上写下浓墨重彩的一笔。此时正值蒙特利尔国际博览会，法国建馆参展，蒙特利尔市长让·德拉波、魁北克总理达尼埃尔·约翰逊便邀请法国总统来访。但是法国总统访问魁北克，不能不去拜访渥太华的联邦政府。戴高乐将军决定走海路去加拿大。7 月 15 日大西洋舰队的巡洋旗舰"科尔贝"号从布雷斯特启航。海上航行期间，天公不作美，海上有点颠簸，加上船速相对比较快，将军夫妇难以在后甲板上漫步，因此他们一路上几乎都待在船舱里，戴高乐将军对演讲稿做最后的推敲[2]。

7 月 20 日，"科尔贝"号在圣皮埃尔－米克隆停泊，当天傍晚再次启航，23 日上午停在魁北克城堡脚下的福龙湾。第二天，长长的车队从魁北克驶向蒙特利尔。沿途停靠时，戴高乐将军受到当地民众的热情欢迎。车队启程时，他们自发地唱起《马赛曲》。车队经过蒙特利尔郊外的村镇，人群越来越密集，一片欢腾。车队抵达市政厅时已经晚了一个多小时。将军会见蒙特利尔市长之后，离开市长办公室，经过市政厅二楼的阳台。人们看到将军的身影，不禁欢呼雀跃。将军几次举起胳

1　采访让·蒙佩扎（2014 年 4 月 7 日）。
2　弗郎索瓦·弗洛伊克，同前，第 66 页。

膊，习惯性地做出象征胜利的"V"形，回应民众的欢呼。

将军想对民众说几句话，于是要来一个话筒。他开口就对人们"袒露一个让他们不要外传的秘密：今天度过的日子与解放巴黎一模一样"。最后，平静地以"蒙特利尔万岁！魁北克万岁！自由的魁北克万岁！"结束即兴演讲，民众欣喜若狂，从来没有这样兴奋过。将军回到大厅，大多数在场的重要人士，包括外交部长莫里斯·顾夫·德·姆维尔都沉着脸，他对随行副官说了实话："他不该做演讲。"有人责怪戴高乐高呼"自由魁北克万岁！"这句魁北克独立运动的口号。第二天，将军略有忐忑，参观蒙特利尔世博会，在法国展馆用晚餐。餐后有人送来渥太华联邦政府的声明，称"昨天的演讲让人无法接受"。既然如此，戴高乐将军认为自己没有任何理由前往渥太华，于是决定缩短访问行程，乘飞机于 27 日凌晨 4 点返回巴黎[1]。

弗朗索瓦·密特朗：1982 年 3 月的"以色列国会演说"

弗朗索瓦·密特朗 1982 年 3 月 3~4 日的以色列之行，是法国总统对该国的首次访问，甚至可以说是在 1251 年圣路易国王之后，法国元首首次来到这片宗教圣地。弗朗索瓦·密特朗本人其实是第七次来到以色列。那天在以色列国会演讲，他开宗明义阐述了构成其中东政策的几项原则，明确地告诉以色列人，他希望巴勒斯坦建国，同时告诉巴勒斯坦人，他认为希伯来国的存在和安全至关重要。

国会演说前一天，弗朗索瓦·密特朗出席了国会举办的晚宴。他致辞的时候抛开外交部事先准备的发言稿，说得很有个性色彩。"我记得母亲的教诲。"他说道，"她每天读《圣经》，告诉我说，它是一个民族、犹太民族的理性之作，然后再加上

1　弗郎索瓦·弗洛伊克，同前，第 69 页。

一句‘我们不是犹太人，但是它的历史，在某种程度上也是我们的历史⋯⋯’。"[1]

弗朗索瓦·密特朗：1983年1月德国联邦议院的演说"论力量均衡"

弗朗索瓦·密特朗在访问德意志联邦共和国（西德）期间，于1983年1月20日在德国联邦议院发表的演说，堪称密特朗外交的关键时刻之一。他在这篇演说中向德国总理科尔承诺，保证支持在西欧部署美国的潘兴式核导弹，针对苏联部署SS-20中程弹道导弹，它对西欧尤其对西德形成巨大威胁。让–路易·比安科当时担任总统办公厅主任，他记述说，直到那天早上，演讲稿还没有定下来，弗朗索瓦·密特朗修改润色到最后一刻。这件事充分反映出弗朗索瓦·密特朗的运作方式，他从来不写自己的发言稿，但是会大改特改。

出访波恩的前夕，总统召集了总统特别顾问雅克·阿塔利、外交部长克洛德·谢松、国防部长夏尔·埃尔尼、总统参谋长索尔尼将军、总统办公厅主任让–路易·比安科。他谈自己的想法，说了一个多小时，转眼过了午夜，于是对众人说："有那么多素材，希望你们能给我准备一份演讲草稿。"他们通宵夜战，次日清晨交出初稿，总体上觉得不错。总统在车上、飞机上继续修改讲稿。他到了波恩，会晤科尔总理之后，又埋头改稿子。稿子没有定下来，外交部的顾问们也跟着忙活。弗朗索瓦·密特朗的秘书波莱特·德克纳拉飞快打字，她是不可或缺的环节。讲稿终于在动身去联邦议会前几分钟修改完毕[2]。这篇演讲跻身总统七年任期中最著名的演讲之列。美国元首热情祝贺弗朗索瓦·密特朗，也彻底消除了美方对他在

1 雅克·阿塔利.一字一句.第一卷.巴黎：法亚尔出版社，1996：179.
2 让–路易·比安科.假如我是总统.巴黎：阿尔班·米歇尔出版社，2010.

1981 年 6 月允许法国共产党人进入政府而产生的戒心。

尼古拉·萨科齐：2007 年 7 月的"达喀尔演说"

尼古拉·萨科齐对非洲大陆的首次访问，始于利比亚，一开始很顺利，但是 2007 年 7 月 26 日，他在塞内加尔发表"达喀尔演说"之后，情况就不妙了。

7 月 24 日，塞西莉亚·萨科齐和克罗德·盖昂，带着被卡扎菲上校释放的保加利亚护士们返回法国。按照事先商定的交换条件，尼古拉·萨科齐由贝尔纳·库什内、让－马利·波克尔和拉玛·亚德等部长陪同，在的黎波里作短暂停留，然后访问塞内加尔和加蓬。面对利比亚领袖的一再坚持，萨科齐同意他对法国进行国事访问，卡扎菲在马里尼国宾馆后花园支起帐篷，闹得沸沸扬扬。

次日清晨，法国代表团飞往达喀尔，法国总统将对谢赫·安达·迪奥普大学的学生们发表演讲。由总统顾问亨利·盖诺撰写的这份演讲稿造成不小的麻烦，成为著名的"达喀尔演说"。媒体和左派在野党怒不可遏，集中火力攻击演讲中的两句话，有些评论员称之为"种族歧视"："非洲的悲剧缘于非洲人没有足够地走进历史进程。非洲农民千百年来日出而作、日落而息，与自然和谐相处成为其生活的理想，只会重复同样的动作，说同样的语言，周而复始，永无止境。"我熟悉亚洲，热爱亚洲，我也可以把第二句话套用在中国或越南的农民身上，他们千百年来在远东的田野上赶着水牛劳作。这种抒情的句子可以用于散文或小说，但是出现在法国总统的非洲演讲中确实很不得体。头一句话透着一股优越感，与第二句话的衔接十分牵强，而且有悖于历史。因为这些人民拥有伟大的文明，推翻了殖民统治，经济处在蓬勃发展之中。

追究责任的话，尼古拉·萨科齐首当其冲，他经常在飞机上、在发表演说前几小时才匆匆看一遍讲稿[1]。离开巴黎时，演讲稿没有写完，第二天还是没完成。前往的黎波里－达喀尔的途中，讲稿一页一页地传到飞机上。负责审读讲稿的工作人员——尤其是外事顾问让－大卫·莱维特——当然注意到了那些饱受争议的句子，可是飞机再过一个小时就要在达喀尔降落，没人愿意冒险去提醒总统[2]。

最动荡或最波折的访问

对乔治·蓬皮杜而言，最动荡的访问要数 1970 年初的美国之行，他的妻子当时遭到推搡。弗朗索瓦·密特朗 1985 年 9 月对库鲁和穆鲁罗阿的访问堪称"倒霉之旅"。雅克·希拉克 1999 年 7 月访问西非，由于摩洛哥国王去世只能提前结束，1999 年 11 月访问拉丁美洲受到台风袭击。至于尼古拉·萨科齐，2007 年 10 月访问摩洛哥，当时正与塞西莉亚·萨科齐闹离婚；2008 年 10 月访问加拿大，提前退出魁北克法语国家首脑峰会的主席工作，赶到戴维营见乔治·布什；2010 年 2 月访问加蓬、卢旺达时临时改变行程，抽空奔赴马里，问候被释放的法国人质，也值得一提。

1970 年 2 月 28 日至 3 月 3 日，乔治·蓬皮杜访问美国

乔治·蓬皮杜总统秉承戴高乐将军谋求"宏伟"的外交政策，继续推进东西方阵营的和解，对美国也不持什么戒意，把首次欧洲境外的访问安排在美国，时间为 1970 年 2 月 28 日至 3 月 3 日。法国总统蓬皮杜和夫人克洛德到达芝加哥以后，在

---

1 马克斯姆·唐多内，同前，第 490 页。
2 卡特琳娜·奈．冲动者．巴黎（口袋书）：2013：63.

下榻的酒店前遇到游行示威，亲以色列的狂热分子指责法国向利比亚出售幻影战斗机，他们生怕卡扎菲使用法国战机打击以色列[1]。

那天是 2 月 28 日，芝加哥市长理查德·迪利出面迎接乔治·蓬皮杜，法国总统准备在棕榈屋酒店发表关于环境问题的演讲。晚上八点左右，将近一万人包围了酒店，抗议声此起彼伏，示威者吼道："您不要脸，蓬皮杜先生！"当晚，总统从电梯里出来，准备穿过大堂的时候，迎面遇到一群骂骂咧咧的抗议者，个别人情绪激动，甚至朝总统的脸上吐口水。更为严重的是，四周竟然没有任何安保人员。人群推搡克洛德·蓬皮杜，法国总统只能紧紧抓住妻子的手，用自己的胳膊保护妻子。蓬皮杜总统好不容易钻进轿车，不过他已经拿定主意。妻子显然受惊不浅，想立刻回巴黎去。总统本人也将尽快飞回法国。第二天，他十分愤怒地声明道："有人蓄意组织示威活动，专门冲着我。这种示威玷污美国的形象，损害他们自己的事业。但是它们无损于法美两国之间的友谊，我们的友谊远远超乎这些无礼的举动。"华盛顿方面一再坚持，他才同意前往纽约访问，理查德·尼克松感到内疚，为了挽回局面，他专程来到纽约，在华尔道夫－阿斯托里亚酒店亲自主持原定由阿格纽副总统主持的盛大欢迎宴会。乔治·蓬皮杜对此自然心生感激，日后与尼克松总统一直保持互相信任的关系，但是返回法国的飞行途中，他依然咽不下这口气[2]。

1985 年 9 月，弗朗索瓦·密特朗的"糟糕之旅"

1985 年 9 月，弗朗索瓦·密特朗总统决定前往圭亚那的库鲁，观摩阿丽亚娜火箭发射，然后访问穆鲁罗阿。尽管此

---

1 马克斯姆·唐多内，同前，第 376 页。
2 埃里克·鲁塞尔. 乔治·蓬皮杜. 巴黎：JC·拉戴斯出版社，1994：365.

行不属于总统出国访问，但是这次"糟糕之旅"还是很有讲头的。

"彩虹勇士"号事件之后，新西兰在南太平洋地区大张旗鼓，反对在法属波利尼西亚进行核试验，给法国造成很大障碍。密特朗总统决定到穆鲁罗阿访问，表明法国不会被吓到，不会放弃依然有助于增强法国的军事打击力量和国家独立的核试验。他决定坐协和式飞机出访。

此行出师不利。9月12日，协和式飞机在华西机场的跑道转了两圈，飞不起来，然后急刹车，连制动降落伞都打开了。于是把飞机拖回到停机坪，换另一架协和飞机，但是需要重新装卸。一切准备妥当的时候，总统已经干等了一个半小时。法航董事长马素·朗急得不知如何是好。后来才知道问题出在刹车电路系统干扰了向总统府发报的无线电台。飞机进入跑道时，无线电发出一则令人费解的"舱门已经关闭"的消息，意思其实是"总统将离开法国"。

为了补充燃料，协和飞机要在达喀尔作短暂停留，然后飞往圭亚那的卡宴。飞机在达喀尔降落后，两位漂亮的塞内加尔空姐和高官一起迎接代表团，陪法国总统走向贵宾厅。礼宾官跟在两位空姐后面为总统开道，扭摆的腰肢使他魂不守舍，走进装有空调的贵宾厅的时候，居然忘了身后的总统，没有拉住沉重的玻璃门，结果总统被撞了一下。好险哪，总统额头上很可能被撞出一大块乌青或撞出鼻血。幸亏没事，虚惊一场。

密特朗转身对经常陪他出行的总统顾问米歇尔·夏拉斯[1]说："嗨，太过分了，他应该多留点神啊。"

"——姑娘的屁股让他走神了。"夏拉斯答道，总统听了微

---

1 米歇尔·夏拉斯曾经担任多姆山省参议员、爱丽舍宫顾问、法国预算部长，从2010年初开始，进入宪法委员会。

微一笑[1]。米歇尔·夏拉斯口无遮拦是出了名的。

事情还没完呢。飞机在圭亚那的卡宴机场降落后，代表团驱车赶往库鲁航天基地，观看阿丽亚娜三号的发射。已经到了黄昏时分。工程师一路上向总统解释，他可以在屏幕上看到火箭发射的不同阶段。火箭准时点火，拔地而起。一级火箭分离，二级火箭发动机启动，一切顺利。二级火箭分离，不料三级火箭的发动机点火失败。失去动力的火箭不再沿直线推进，它的轨迹开始弯曲，即将坠落。"摧毁！"只听一声令下，屏幕上出现一道闪光。火箭发射失败，火箭携带的两颗通信卫星——SpaceNet-3（美国）、ECS-3（欧洲）——也化为灰烬。后来查出问题出在一个阀门的密封圈上。

弗朗索瓦·密特朗说："掩体中的工程师和技术人员，他们肯定很难过，我们去慰问一下吧。"于是代表团都上了车。贝尔纳·库尔图瓦省长坐在总统的车上，密特朗问他：

"省长先生，您知道掩体在哪儿吗？"

"我知道，总统先生。"

"行，咱们出发。"

车队快速行驶着，两边路灯很多。一路驶去，路灯越来越少，不出多久，居然不见路灯了，车队在一条林间小道上停下来。总统问道："您真的知道掩体在哪儿吗，省长先生？"省长此时只好说实话了，他自以为知道，其实对具体的位置一无所知。于是车队原地掉头，返回发射指挥中心。航天基地的一位负责人带他们去发射掩体，其实就在发射台的脚下。不过有人提醒车队不能靠近发射台，因为火箭发射的气体还没有全部散发，必须要等到传感器发出安全信号——才能进去。半个多小时以后，密特朗见到了工程技术人员，大多人都哭得很伤心，

---

1 采访米歇尔·夏拉斯（2014年4月9日）。

密特朗安慰他们。

　　为了抢时间，也为了避免驱车返回卡宴，调来两架直升机。总统坐一号直升机，米歇尔·夏拉斯坐在边上。总统带着耳机可以听见飞行员说话。米歇尔·夏拉斯忽然看到总统摘下耳机说："您知道刚才出什么事了吗？二号直升机刚掉下去，出故障了。真是一场糟糕之旅啊。"幸亏二号直升机坠落时，离开地面不到一米，没有人受伤。总统只好留在省政府，等一号直升机返回库鲁把代表团都接回来。他们等在跑道上，忍受蚊虫的叮咬。米歇尔·夏拉斯幸灾乐祸，把他们大肆调侃了一番，尤其是米歇尔·沃泽勒，他的脸被蚊子叮得又红又肿[1]。

　　祸不单行。协和飞机在利马降落补充燃料。总统正在熟睡，副官和礼宾官就决定不惊动他。谁知秘鲁总统阿兰·加西亚突然驾到，站在舷梯下准备迎接密特朗。副官见状马上叫醒密特朗，可想而知，密特朗肯定不太乐意。不过他赶紧起床，穿上衣服。当他走出舱门的时候，有人报告说加西亚总统不想惊动还在睡觉的密特朗，已经离开了。叫人难以置信的是，同样的事情在回来的路上又发生了。飞机照例在利马补充燃料，鉴于加西亚总统上次亲临机场迎接，弗朗索瓦·密特朗提前起床，穿上正装。可这次当密特朗总统走出舱门的时候，加西亚总统根本不在舷梯下面。加西亚总统是这么想的：这次不接法国总统了，他就用不着再起床了[2]。

　　最后，代表团总算抵达法国进行核试验的太平洋环礁穆鲁罗阿，协和飞机要在这儿加油。总统及代表团换乘卡拉维尔客机[3]，飞往作为工作人员生活基地的艾奥环礁。空姐——当然也是军人——忽然来到总统和代表团面前，请他们系好安全带，

1　采访米歇尔·夏拉斯（2014年4月9日）。

2　同上。

3　卡拉维尔客机在图卢兹制造。1955年在图卢兹－布拉涅克机场进行首航，是世界上首架双引擎短中程航线喷气客机。

外面晴空万里，没有任何气流颠簸的迹象啊！米歇尔·夏拉斯追问为什么要系安全带，空姐回答说飞机左侧的引擎出了问题。过了一会儿，她报告说右侧引擎也不转了。幸亏当时离艾奥环礁不太远了，而且卡拉维尔客机是滑翔性能最好的客机。这架临时启用的总统专机以滑翔模式结束行程，安全着陆。两个引擎倘若早一点发生故障，后果则不堪设想。卡拉维尔客机从此被打入冷宫。这次访问真的是一场"糟糕之旅"。

1999 年 7 月，雅克·希拉克提前结束对西非的访问

雅克·希拉克计划在 1999 年 7 月底出访西非，去几内亚、多哥、尼日利亚、喀麦隆等国访问。可是，7 月 23 日摩洛哥国王哈桑二世突然去世，迫使希拉克总统缩短原先的行程，修改出访计划，以便去拉巴特出席密友哈桑二世的葬礼。所有的飞行计划、访问安排、设备技术支持等都必须在短时间内迅速调整。

最后的正式晚宴结束后，代表团直接离开喀麦隆回国，只有总统和身边的几个人以及妻子贝尔纳黛特留下来，半夜登上隼式公务机，飞往摩洛哥。同行的有副官、礼宾官、总统医生以及总统卫队的警卫人员。当晚住在法国大使的官邸。他们几个人谁都没有料到 7 月 25 日的考验竟然是如此艰巨。他们冒着 40 度的高温，跟随灵车从皇宫走到陵墓，整整走了 3 个小时，200 万民众走上街头，嚎啕大哭，以东方人特有的方式表达悲伤。

希拉克总统坚持陪着国王的儿子们，包括未来的穆罕默德六世在内。当时人如潮涌，周围尽是持枪的人，局面十分混乱，险象环生，警卫们本能地缩小保护半径，不像以往那么低调，以便保持跟总统的联系，总统警卫们的背包里装着水瓶，不时地给总统喝点水。听总统副官贝努瓦·吕刚说，美国总统克林

顿的安保人员好像也顾此失彼，结果克林顿喝了"法国"矿泉水，还送给周围的一些被拥挤的送葬人群挤散的国家元首喝了，尤其是阿尔及利亚总统阿卜杜勒－阿齐兹·布特弗利卡、加蓬总统奥马尔·邦戈。加蓬总统在这场"战斗"中鞋子被踩掉，最后坐着担架撤退[1]。

雅克·希拉克访问拉丁美洲，受到台风袭击

这一次是席卷中美洲的飓风"米奇"干扰了希拉克总统的出访。一部分访问计划靠传统的交通工具已经无法完成，总统只能改坐军用运输机"空中列车"和军用直升机继续访问，进入灾区。

法国总统早就计划对墨西哥和危地马拉进行国事访问，最后选定于 1999 年 11 月 11~17 日出访。然而飓风"米奇"在 10 月底横扫中美洲地区，危地马拉、洪都拉斯、尼加拉瓜、萨尔瓦多等 4 个国家遭受重创，数万民众丧生，200 万人受灾，洪都拉斯和尼加拉瓜这两个贫困国家的损失格外严重。除了人员伤亡，农田、道路、机场、供水系统、电话、电力、房屋等无一幸免。传统的交通工具已经不能用于原定的国事访问，而且希拉克总统还决定访问其他受灾的国家，起先没有考虑这一点。

到了危地马拉，欢迎宴会、游览玛雅古迹等活动全部取消，他和危地马拉总统阿尔瓦罗·阿尔苏视察了几个灾区，几个法国救援小组立刻坐直升飞机赶往现场。返回巴黎之前，他坐着"空中列车"运输机访问受灾的洪都拉斯、尼加拉瓜、萨尔瓦多。当时电话不通，总统身边只有一架紧急电脑和一部卫星电话。每到一地，雅克·希拉克都展现出平易近人的天赋，

1　贝努瓦·吕刚. 风雅之士. 巴黎：阿玛当出版社，2013：50.

经常中途停车，探望普通百姓，甚至在洪都拉斯也是如此。令人惊讶的是卡洛斯·罗伯托·弗罗雷斯总统，坐着四轮驱动的吉普车，从车窗里把一包包食品扔给灾民，不过没有停车，他边扔边喊道："勇敢些，勇敢些！"[1] 希拉克总统目睹沿途满目疮痍的情景，宣布免除 4 个受灾国的全部债务。

2007 年 10 月，尼古拉·萨科齐对摩洛哥进行国事访问

萨科齐总统对摩洛哥的首次访问，其筹备工作可谓一波三折。尼古拉·萨科齐希望早点访问摩洛哥，即在 2007 年 7 月同时访问阿尔及利亚、突尼斯和摩洛哥三国，但是摩洛哥不同意，它不愿意成为萨科齐总统北非之旅的最后一站。随后摩洛哥拒绝购买法国的阵风战斗机，而是买了美国的 F16 飞机。几经周折之后，国事访问终于敲定了，计划在 10 月 22~24 日访问马拉喀什、拉巴特和丹吉尔三个地方。摩洛哥届时将宣布法国投资建设丹吉尔 – 卡萨布兰卡的高铁项目，尼古拉·萨科齐会发表旨在建设地中海联盟的"丹吉尔呼吁书"。

穆罕默德六世国王准备盛情欢迎法国总统夫妇。国王夫妇将在 22 日以私人晚宴这种破格的礼遇，款待当天到达的法国总统及夫人塞西莉亚。一切都很顺当。

到了 16 日星期一晚上，情况突变！总统府发言人大卫·马蒂农在媒体吹风会上表示，塞西莉亚·萨科齐可能不会陪同总统访问摩洛哥。拉巴特陷入一片混乱。那怎么可能呢？两国的礼宾部事先都谈好了，包括这次私人晚宴，谁都没有料到塞西莉亚·萨科齐打算在那几天离婚。尼古拉·萨科齐访问美国的时候，她就拒绝过与布什夫妇共进午餐，她才不会理会访问摩洛哥的细节、推迟几天宣布离婚呢！ 10 月 18 日下午 1：20 分，爱丽舍宫果然发表了一则公告，称总统夫妇决定"协议分手"，

1　采访弗雷德里克·格拉塞（2014 年 3 月 21 日）。他时任礼宾官。

两小时后又发表一则公告，称"分手"的意思是"离婚"。

地中海两岸的外交部立刻忙开了。私人晚宴怎么办？爱丽舍宫突发奇想，建议派司法部长拉希妲·达狄陪尼古拉·萨科齐出席晚宴。法国驻摩洛哥大使馆只能向摩洛哥政府转达这个建议，其实心里明白这种建议有失礼仪，而且料到皇家礼宾部会怎么答复。大家都在猜想，假如照法方的建议举办私人晚宴的话，名流小报会作哪些评论。幸亏皇家礼宾部断然拒绝了法国提出的方案，对法国总统本人来说也是一件好事。国王夫妇举办私人宴会的计划被取消，尼古拉·萨科齐单独与自己的几个孩子以及拉希妲·达狄吃晚饭。这样做也许更为妥当，因为出发前一天，他在圣宠谷医院治疗颈部蜂窝织炎，动了一个小手术，嗓子还有点嘶哑。医生大概给他打了抗菌素，剂量比较大，上午启程的时候，他的手腕上还插着导管[1]。

接下来的访问很顺利。马拉喀什搭起巨大的露天帐篷举办国宴，1500 人出席，堪与《一千零一夜》媲美。侍应生穿着民族服装，站在宾客身后，一对一服务；菜肴丰盛，慈善机构把剩余的饭菜分给穷人。在巨型屏幕衬托下，倡议建设地中海联盟，显得气势宏伟（尽管这项倡议的后劲不那么足），然后签属了一系列包括高铁在内的合同以及合作协议。

签署合同的时候，安娜·洛韦容——时任阿海珐总裁——忙中出错，把名字签在让－皮埃尔·儒耶部长的合同上。让－皮埃尔·儒耶当时负责欧盟问题，他也签错了。两国的礼宾部很为难，因为签署国际协议的纸比较特别，俗称条纹纸，价格很贵。相关外交机构索取条纹纸的时候，外交部不肯多寄。外交机构等到最后一刻，才印刷合同所需的页数。好在印刷首批合同的使馆办公人员记得，当时有两张空白纸被机器卡住，边上有点撕破，就搁在一边了。那两张纸也许还能用。检查之

---

1 卡特琳娜·奈，同前，第 85 页。

后，果然如此，于是用边上略有撕破的条纹纸，把两份合同的最后一页重新打印一遍，使馆的外交官请四位重要人士在桌子边上重新签字。此时已经进入晚宴之后的招待会阶段，桌子上摆满一杯杯的果汁（因为那儿不喝香槟酒）。

2008 年 10 月，尼古拉·萨科齐访问加拿大

2008 年 10 月，萨科齐总统前往加拿大，出席在魁北克召开的法语国家首脑峰会。他预计逗留三天。但是头一天晚上，他就决定提前离开，理由是要紧急前往戴维营会见乔治·布什总统。他让总理弗朗索瓦·菲永来魁北克代替他参加峰会，从而违背了一条法兰西共和国一贯遵循的不成文原则，即总统和总理不得同时出国。另外一条安全原则是总统和总理不得乘坐同一架飞机。

尼古拉·萨科齐当时还担任欧盟轮值国主席，10 月 17 日那天，他成功地参加了 3 场"高峰会议"：欧洲－加拿大峰会，其实就是与刚当选的加拿大总理斯蒂芬·哈珀共进两小时午餐；法国－魁北克双边首脑会谈；最后是晚上参加第二十二届法语国家首脑峰会的开幕式，联合国秘书长潘基文、法语国家国际组织秘书长阿卜杜·迪乌夫以及四十多个国家和政府首脑出席盛典。第二天，即 10 月 18 日，他在欧盟委员会主席巴罗佐陪同下离开魁北克，飞往位于马里兰州的戴维营与乔治·布什会谈，争取说服美国总统，让他同意 11 月份在纽约召开扩大的八国集团峰会，解决银行和金融危机。

弗朗索瓦·菲永原定周六上午到达魁北克，接替总统参加法语国家首脑峰会，结果飞机下午才落地。总统和总理的团队擦肩而过，没有正儿八经地交换情况。加拿大和法国媒体纷纷指责尼古拉·萨科齐"闪电般""阵风似地"访问加拿大，还有他"切换"法语国家首脑峰会的"频道"，让弗朗索瓦·菲

永当替身来安抚加拿大的"不满情绪"。正在庆祝"美丽省份"诞生 400 周年的魁北克官员们当然也持批评态度[1]。

2010 年 2 月，尼古拉·萨科齐访问加蓬、卢旺达

尼古拉·萨科齐早就安排于 2010 年 2 月 24~25 日访问加蓬和卢旺达。2 月 24 日上午，利伯维尔似乎万事俱备，将吸引各家媒体关注这次旨在挽回"达喀尔演说"的消极影响、使法国与加蓬的关系进入新纪元的访问：马路人行道的街沿刷了油漆，两国元首的肖像上印着"友谊"字样，夹道欢迎的女子们领到 T 恤衫和旗帜。但是被北非伊斯兰基地组织劫持的法国人质皮埃尔·卡马特突然获释，当天上午到达马里的巴马科，一时间搅乱了这一系列精心准备，转移了媒体的注意力。解救人质的代价是释放关押在马里的 4 名基地组织战士。法国再过两周就要举行大区议会选举，对尼古拉·萨科齐来说，人质获释简直是天赐良机，于是他当机立断，马上改变行程，不从加蓬直飞卢旺达，而是绕个大圈子飞到马里，接见法国人质，向马里总统阿马杜·图马尼·杜尔表示感谢。

总统副官和相关人员使尽浑身解数，迅速落实总统突如其来的决定。总统的空中客车 23 点左右降落在巴马科机场的跑道上，接走不久前刚被专机送到现场的人质皮埃尔·卡马特。

人质事件以及由此引发的争议，毛里塔尼亚和阿尔及利亚的反应最为激烈，使得萨科齐总统随后对基加利的访问黯然失色。[2]

最具象征性的访问

说到最具象征性的国家元首出访，我们将选择弗朗索

---

1 费加罗报，2008.10.17~18；解放报，2008.10.18.
2 费加罗报.十字架报，2010.02.25；世界报，2010.02.26.

瓦·密特朗1983年10月23日深夜至24日凌晨的黎巴嫩之行，当时德拉卡尔大楼被炸毁，58名法国伞兵丧生；1984年6月对莫斯科的访问，他在克里姆林宫发表演讲，公开引用不同政见者萨哈罗夫的言论；1992年访问战火中的萨拉热窝；以及1993年2月访问越南，去了奠边府。2001年"9·11"事件之后，雅克·希拉克立即飞往纽约，奥朗德2013年2月访问马里也归入此列。

1983年10月23日，弗朗索瓦·密特朗的黎巴嫩之行

1982年6月，经历一系列恐怖事件尤其是萨布拉－夏蒂拉难民营大屠杀之后，弗朗索瓦·密特朗决定向黎巴嫩派遣法国部队，配合美军，一方面保护法国人，另一方面避免局面失控导致东西方冲突。支持叙利亚和伊朗的势力唯恐天下不乱，想方设法要把西方军队赶走。摩擦冲突不计其数，法方已有四十多人死于非命，可是弗朗索瓦·密特朗拿定主意，绝不让步。

世界上只有法国在关注黎巴嫩（当然，叙利亚和伊朗另有图谋，对黎巴嫩也很感兴趣）。欧洲其他国家和美国对黎巴嫩的命运根本无动于衷，认为黎巴嫩不过是法国手中的外交玩偶而已。

弗朗索瓦·密特朗对近东和中东情有独钟，一上任就表示要走访该地区的所有国家，亲眼目睹所有的名胜古迹，会见那儿所有的领导人。他讲究细节，令人惊讶。入主爱丽舍宫没几天，密特朗修改一封给该地区某位元首的信函，他把外事顾问于贝尔·韦德里纳叫进办公室。"你们为什么用'中东'一词来形容阿以冲突？用词恰当吗？"韦德里纳回答说外交部和新闻媒体通常使用这个词。"这个词跟'近东'的区别在哪儿呢？"总统追问道。韦德里纳想了想，然后告诉总统，在法语

里面，"近东"是指埃及、叙利亚、以色列和黎巴嫩。"那'中东'指什么呢?"那是指近东以东的约旦、阿拉伯半岛、伊拉克、伊朗，再往东就进入中亚地区了。

"那为什么还用'中东'指称阿以冲突?"

"道理很简单，新闻媒体照搬英语的 Middle East，这个词在英语中涵盖整个地区。"

"既然如此，我们就应当用'近东'这个词。"[1]密特朗总统边说边拿起蓝墨水钢笔改写。

西方国家干预中东和近东地区，引起某些人的不满。1983年 10 月 26 日清晨 6：17，一辆装满炸药的卡车冲向美军驻贝鲁特司令部，炸死 239 人。3 分钟之后，一辆同样满载炸药的卡车撞击德拉卡尔大楼，这儿是第一伞兵团所在的法军司令部大楼，当场炸死 58 人，其中 3 人隶属 200 米开外的第九伞兵团。法军指挥中心在雅罗阿尔路公墓附近。当时是巴黎时间4：20。密特朗接到值勤部门通报，立刻派国防部长夏尔·埃尔尼、三军总参谋长让努·拉卡斯将军火速赶往贝鲁特。整整一天，总统在空空荡荡的爱丽舍宫考虑各种对策。

几经踌躇之后，弗朗索瓦·密特朗决定晚上秘密前往贝鲁特，外事顾问于贝尔·韦德里纳、总统参谋长长让·索尔尼将军、熟悉杰马耶勒家族的弗朗索瓦·德·格罗苏夫尔陪同。他希望亲临现场以表明法国不害怕，并向牺牲的军人表示敬意。行动机密，没有通知总理府或总统府的任何人。法国在该地区树敌很多，总统乘坐的幻密式 50 战斗机很可能成为个别敌人的靶子。傍晚时分，办公室渐渐暗下来，他向雅克·阿塔利下达最后的指令。第九伞兵团也接到命令，在机场通往爆炸现场的沿线布置狙击手。

---

1 于贝尔·韦德里纳. 弗郎索瓦·密特朗的多重世界. 巴黎：法亚尔出版社，1996：308.

飞行员告诉守在爱丽舍宫的雅克·阿塔利，总统专机将在一小时后抵达贝鲁特，阿塔利立刻拨通在法国大使馆的夏尔·埃尔尼的电话。他知道全世界谍报部门肯定会窃听此次通话，情急之下，便说了一个密码。

"莫尔兰来了。"

"谁啊？"

"莫尔兰。"

国防部长虽然与总统是相识多年的至交，不过当时睡得迷迷糊糊，没有想到那是弗朗索瓦·密特朗在抵抗运动中使用的别名。阿塔利连说了三次，他才恍然大悟，赶紧去机场，刚刚获悉的杰马耶勒总统也同时赶到。密特朗总统白天来到贝鲁特瓦砾遍地的爆炸现场、饱受战火蹂躏的香柏官邸（法国大使馆所在地），表示法国的同情和声援。惊魂甫定的战士们显得很紧张，不过他们执行任务的效率依然无懈可击。

索尔尼将军、于贝尔·韦德里纳当天不断透漏总统的出发时间、行动路线、交通工具等假消息，以防有人刺杀。尽管如此，幻密式 50 战斗机起飞的时候依然十分危险，很可能遭到地空导弹的袭击，反对法国干预的黎巴嫩敌对武装肯定拥有这种导弹。为了安全起见，索尔尼将军命令在远海巡逻的超级军旗攻击机，从福熙号航空母舰飞抵贝鲁特，掩护幻密式 50 战斗机起飞，因为数架飞机释放的多重热源可能干扰地空导弹的制导系统[1]。回到巴黎后，为了缓和一整天的紧张气氛，密特朗总统打趣道："索尔尼将军指挥飞机在维拉库伯雷降落，那才是最危险的时候。"

几天以后，荣军院广场隆重举行 58 名军人的葬礼，那是一个令人悲痛欲绝的上午。弗朗索瓦·密特朗后来承认，宣读战士名单是他担任总统 14 年期间最不堪回首的时刻之一。密

---

1 采访于贝尔·韦德里纳（2014 年 3 月 24 日）。

特朗决定惩罚袭击事件的元凶。但是先要把他们查出来、确定他们的位置。几天之后，在美国情报部门的配合下查明了情况。又过了3个星期，罗纳德·里根总统通过密电，告诉弗朗索瓦·密特朗，对在黎巴嫩攻击我们的人验明正身后，他准备进行"身份相当确凿的准确"报复，提议在11月17日下午采取行动。弗朗索瓦·密特朗立刻表示同意，决定派8架超级军旗攻击机，与美军一起轰炸凶手们在黎巴嫩贝卡平原的老巢。这件事鲜为人知，而对随后发生的事情，知情者更是寥寥无几。17日清晨6：30，双方确认同意于15：30开始行动，16：20完成轰炸。不料半小时后美方发来一份密电，恳求我们停止行动。美国人临阵变卦，把我们甩了。密特朗总统决定继续行动，他按照原先日程安排，不动声色地去了威尼斯。爆炸凶手的老巢下午被准时摧毁，任务圆满完成，法国战机毫发无损地返回基地。

美国人在最后一刻把我们甩了。多年之后——那是在2013年——美国又故伎重演。2013年8月21日，巴拉克·奥巴马总统宣布，他将命令美军与法国携手打击叙利亚军队。9月初他忽然改变主意，态度发生一百八十度转变。法国方面已经准备就绪，可以实施打击。弗朗索瓦·奥朗德亲自通报了相关消息，但是没有几个记者予以关注[1]。

弗朗索瓦·密特朗对美国人的临阵脱逃一直守口如瓶，很长一段时间内不许雅克·阿塔利提及此事。他也没有跟手下任何一位部长说过，只跟玛格丽特·撒切尔夫人私下透露过[2]。

1984年6月，弗朗索瓦·密特朗的莫斯科之行

这次访问期间，弗朗索瓦·密特朗在克里姆林宫发表演

---

1 弗郎索瓦·奥朗德，2014年1月14日总统府新闻发布会。
2 雅克·阿塔利．弗郎索瓦·密特朗．巴黎：法亚尔出版社，2005：266~270.

说，公开提到不同政见者萨哈罗夫。1984 年 6 月 20 日，弗朗索瓦·密特朗同意前往莫斯科会见契尔年科。下午抵达克里姆林宫，两人会晤，总统特别顾问雅克·阿塔利也在场。契尔年科像幽灵般被人搀扶着落座，有气无力地念一篇文章，《真理报》当天上午已经刊登了部分内容。该报同时登了另一篇文章，详细分析法国拥有的最机密的核武器，苏联方面希望法国放弃这些核武器。

当天晚上，克里姆林宫的圣乔治大厅举行盛大宴会，大厅两边雕刻着精美的圣经浮雕和伊凡大帝的肖像。弗朗索瓦·密特朗准备在致辞时提到安德烈·萨哈罗夫教授，他是当时驰名西方的异议人士，被软禁在高尔基市。密特朗知道公开提及萨哈罗夫的后果："假如我斗胆提到萨哈罗夫，我的访问也许就到此为止，明天一早就打道回府。"苏联方面提醒过法国代表团，他们不喜欢别人指桑骂槐。傍晚时分，压力骤然上升，变成了威胁。法国外长克洛德·谢松告诫大家谨慎为好。弗朗索瓦·密特朗不为所动，坚持采用原先写好的稿子。晚宴开始，他起身致辞说："任何妨碍自由的行为都可能危及这次会议所接受的原则。因此，我们有时候跟你们说起某些人士的处境，其中有些人士成为某种象征。……萨哈罗夫教授就是典型的一例，还有很多人士，不为外界所知，要是在别的国家，他们都能根据赫尔辛基条约主张权利。"听到萨哈罗夫的名字，契尔年科吓了一跳。别的苏联领导人也坐不住了，局面顿时显得很尴尬。因为还要翻译，所以这个被封杀的名字居然在大厅里两度响起。弗朗索瓦·密特朗在凝重的气氛中入座。契尔年科脸上一阵苍白。吃过鱼子酱，几杯伏特加下肚之后，气氛有点缓和，大家攀谈起来[1]。弗朗索瓦·密特朗如愿以偿：在克里姆林宫的国宴上提及知名的异见人士，又没有跟莫斯科闹翻。

1　雅克·阿塔利，同前，第 258~259 页。

1988 年年底，弗朗索瓦·密特朗访问捷克斯洛伐克也大胆地邀请不同政见者做客。12 月 9 日上午，他把瓦茨拉夫·哈维尔以及另外七名异见人士，请到法国驻布拉格大使馆共进早餐。哈维尔及友人们后来说，他们那天早上都随身带着牙刷，因为他们出了法国大使馆的大门，就可能被警察带走。这次著名的早餐在捷克反对派阵营中产生巨大反响，对布拉格独裁当局来说也是如此[1]。

1992 年 6 月，弗朗索瓦·密特朗的萨拉热窝之行

南斯拉夫联邦共和国解体之后，前南斯拉夫各个共和国陷入血腥的内战，这儿地处欧洲腹地，离巴黎只有几小时的路程。塞尔维亚以保护塞维尔亚少数民族为借口，残暴地对待邻国。波黑宣告独立。这个决定立刻把它卷入战争。塞维利亚民族军切特尼克打着保护波黑塞族的幌子占领波黑，其实波黑塞族根本没有受到威胁。米洛舍维奇企图用武力吞并塞族人为主的部分波黑领土。米洛舍维奇的部队装备精良，驱赶并屠杀手无寸铁的穆斯林民众。不出三个月，半个波黑地区被洗劫，波黑首都萨拉热窝每天遭到轰炸。法国总统希望能破解这种大兵压境的局面。

1992 年 6 月 24 日，弗朗索瓦·密特朗私下对外长洛朗·迪马说，他想跳出传统外交的套路，做一件振聋发聩的事情。他考虑带上卫生与人道救援部长贝尔纳·库什纳，去前南斯拉夫走一趟，肯定要去萨拉热窝。"您负责这次行动的准备工作，尤其要考虑碰到外交问题时的对策。当然啦，一定要严格保密。绝对保密。"他叮嘱洛朗·迪马。欧洲首脑会议将于周末在葡萄牙召开，密特朗总统考虑峰会结束后动身，这样

1　弗朗索瓦兹·塞利格曼. 掌权的社会党人. 第 2 卷. 巴黎：米沙隆出版社，2005：148.

做有不少好处，尤其是不会惊动各方。洛朗·迪马告诉贝尔纳·库什纳，即将对萨拉热窝作一次重要访问，点到为止，没有说任何细节。

这类活动涉及的面广人多，不给予明确指令，是很难组织起来的。密特朗总统和洛朗·迪马商量后决定，先让别人误以为是洛朗·迪马要出访。洛朗·迪马拿着外交部欧洲司司长雅克·布罗提供的电话号码，着手联系。他拨通米洛舍维奇总统、法国驻贝尔格莱德大使、联合国保卫部队指挥官印度将军纳马比尔和他的助手、法国将军莫里勇、当时在萨拉热窝的加拿大将军麦肯齐、法国分遣队的上校等人的电话，打听萨拉热窝机场跑道的情况。每个人都说跑道尽管没有被炮弹击中，但是跑道上一片狼藉，飞机根本不能降落。洛朗·迪马也和波黑总统伊泽特贝戈维奇、克罗地亚总统图季曼通了电话。大家都以为洛朗·迪马要来这儿，多数人都劝他别来。弗朗索瓦·密特朗把实情告诉参谋总长克里斯蒂安·凯诺将军，让他和国防部长一起考虑后勤保障问题。

贝尔纳·库什纳也未雨绸缪，让办公厅着手联系萨拉热窝。其实几周前，贝尔纳·库什纳还没有担任人道主义行动国务秘书时，他所在的卫生部已经向萨拉热窝派出人道援救车队，一路上建立的各种联系都会有用处。人道主义援救车队由无国界医生和无国界药剂师共同组织，卫生部办公厅主任让－莫里斯·里佩尔担任指挥。车队沿着公路从克罗地亚的斯普利特港驶向萨拉热窝，沿途遇到各种关卡，需要跟不同的武装派别谈判。这些信息都记在一张普普通通的米其林地图上，这张地图后来变得非常珍贵。

弗朗索瓦·密特朗与洛朗·迪马赴里斯本出席欧洲首脑会议。贝尔纳·库什纳也自行前往，随身带着让－莫里斯·里佩尔[1]。

首脑会议期间，弗朗索瓦·密特朗就前南斯拉夫问题作了发言，但是其他国家元首和政府首脑不太明白他的用意所在。会议结束时，弗朗索瓦·密特朗拉住德国总理赫尔穆特·科尔的胳膊，说自己将在前南问题上有所动作，但没有说要去萨拉热窝。贵宾车队浩浩荡荡地陪他驶向机场。

到了机场，弗朗索瓦·密特朗只对葡萄牙总统马里奥·苏亚雷斯透露了自己的意图。苏亚雷斯总统听了既担心又钦佩。其实几分钟前，洛朗·迪马跟他说过了，苏亚雷斯总统当时就问："他去那儿干什么？去送死！"[2]密特朗总统登上隼式公务机，贝尔纳·库什纳、让－路易·比安科、于贝尔·韦德里纳、副官、居布莱医生、特警队战士和别的顾问，一大波人跟在后面，都以为坐总统专机回巴黎，习以为常。让－莫里斯·里佩尔站在舷梯脚下，不知如何是好。几分钟后，只见那些人走下飞机，一脸惊讶的样子。居布莱医生、副官，当然还有特警队战士没有下来。副官站在舷梯上向让－莫里斯·里佩尔示意，要他上来，因为只有他去过萨拉热窝。飞机关上舱门，开始滑行[3]。

天已经黑了。此时还没有收到萨拉热窝允许降落的指令，跑道上依然有障碍物。总统专机的夜航计划只考虑飞到濒临亚德里亚海的斯普利特港为止。密特朗一心想去萨拉热窝，很恼火。飞机起飞了，让－莫里斯·里佩尔摊开萨拉热窝地图，给特警们介绍情况。

洛朗·迪马返回巴黎，继续跟塞尔维亚政府商量，争取

1　从 1992 年 4 月起，皮埃尔·贝雷戈瓦代替埃迪特·克莱松担任总理，贝尔纳·库什纳成为卫生与人道主义行动部长。让－莫里斯·里佩尔当时是他的办公厅顾问。

2　采访洛朗·迪马，2014 年 9 月 2 日。

3　采访让－莫里斯·里佩尔，2014 年 1 月 10 日。他跟我是国家行政学院伏尔泰届的同学，2013 年 10 月被任命为法国驻俄罗斯大使。

清理跑道。与此同时，国防部派两架直升飞机——美洲豹 VIP 直升机和云雀直升机——飞向斯普利特港，以防万一。星期六晚上，塞尔维亚政府答应洛朗·迪马说，它将给所谓独立的塞尔维亚民兵下令，要求他们星期天早上把萨拉热窝机场的跑道清理完毕，联合国部队予以协助。滞留在斯普利特港的弗朗索瓦·密特朗立刻得知通知。但是为了避免抵达萨拉热窝时出现任何意外，他决定 6 月 28 日坐直升飞机前往。为了迷惑可能"失控的狙击手"，代表团坐美洲豹 VIP 直升机，总统则坐运送随员的云雀直升机。不出所料，美洲豹 VIP 直升机果然遭到枪击，几颗子弹击中飞机尾部，幸亏没有碰到螺旋桨。从斯普利特飞往萨拉热窝途中，两名飞行员不认路，让－莫里斯·里佩尔拿出那张著名的米其林地图，上面写满了几周前标注的信息，飞行员降低高度，靠目测飞行[1]。

波黑总统伊泽特贝戈维奇在机场迎接法国总统、陪他在萨拉热窝马路上行走、两人一起吃午饭的照片将传遍全球。接二连三发生的事情犹如鬼使神差，结果让密特朗在 6 月 28 日成行，正巧是 1914 年奥地利大公在萨拉热窝遇刺的日子。

总统的隼式公务机于同一天在萨拉热窝的机场降落。傍晚，弗朗索瓦·密特朗与代表团登上飞机。舱门即将关闭，这时候塞维利亚方面的一辆吉普车突然启动，东倒西歪地直奔着飞机而来，撞在飞机的右翼上，令人猝不及防。大家马上认为塞尔维亚不许弗朗索瓦·密特朗起飞。其实是司机喝醉了，一场虚惊。机翼被撞出一个不小的洞，飞行员认为机翼的主体结构没有出问题，紧急修理一下，可以坚持飞到斯普利特。跑道的尽头，塞族的坦克蠢蠢欲动，刻不容缓，必须起飞了[2]。

中途停靠斯普利特，对机翼进行加固，弗朗索瓦·密特朗

1　采访让－莫里斯·里佩尔（2014 年 1 月 10 日）。
2　采访让－莫里斯·里佩尔（2014 年 1 月 10 日）。

当晚返回维拉库布莱。政府内阁成员悉数到机场迎候。他指着受伤的飞机，告诉洛朗·迪马说有人向他开火。这次充满危险的闪电般访问，缓和了萨拉热窝腹背受敌的压力，它向全世界表明尽管战火纷飞，萨拉热窝还是可以去的，法国总统毫无畏惧。第二天，联合国安理会像弗朗索瓦·密特朗提议的那样，下令部署维和部队，控制萨拉热窝机场，建立一条空中走廊[1]。人们后来才知道，法国总统当时身患重病，萨拉热窝之行对他的身体也是一次严峻考验。

1993 年 2 月，弗朗索瓦·密特朗访问越南

　　1993 年 2 月 9~11 日，弗朗索瓦·密特朗对越南进行国事访问。这是继 1975 年越南战争结束，美国败北，北越胜利以来，西方领导人首次到访该国。1993 年，美国仍然对越南实行封锁，弗朗索瓦·密特朗希望帮助越南重新融入国际社会。这当然也是奠边府战役之后法国元首的首次来访。1954 年 5 月 7 日，武元甲将军[2]指挥越南军队打败法军。弗朗索瓦·密特朗打算会见武元甲大将并前往奠边府，这是两个极富象征意义的安排。

　　在河内总统府举办的国宴上，密特朗总统与武元甲大将握手，所有的镜头都在等待记录这个充满象征性的历史时刻。武元甲大将此时已 82 岁高龄，应邀出席法国大使馆款待越南国家主席黎德英的答谢午宴。密特朗总统借此机会与他再次相聚。

　　1989 年 7 月 14 日庆祝法国大革命 200 周年之际，武元甲大将首次踏进法国使馆的大门。那天我在使馆见到他，当时我作为众议员和国民议会外交预算特别报告人，在越南出差。傍

1　洛朗·迪马，同前，第 419~435 页。
2　武元甲将军是胡志明的战友、奠边府战役总指挥、越南政府副总理，于 2013 年 10 月 4 日去世，享年 102 岁。

晚，他在使馆的花园里，用法语对法国侨团致辞，呼吁法国企业尽快地、强烈地关注越南，因为——他指出——世界在变化中，竞争会激烈起来。多有远见卓识啊！法国大使克洛德·布朗士梅松坐在将军身边，据说乐队演奏两国国歌的时候，将军不由自主地哼起《马赛曲》的副歌[1]。

午宴时，礼宾处安排他坐在法军前参谋长莫里斯·施密特将军边上。1954 年 4 月 24 日，施密特将军只是殖民军一名年轻的炮兵军官，作为增援部队被空投到奠边府。他们被武元甲率领的部队打败，几天后成了俘虏。

宴会开始，互相寒暄之后，同桌嘉宾很快看到两位将军热烈攀谈起来，心平气和地回忆那场至关重要的奠边府战役，神情释然。看到他们如此平静地探讨往事，一位嘉宾忍不住问武元甲大将，假如换成美国军官，他是否也会这样呢？大将以一口纯正的法语回道：“我们先后跟法国和美国打过仗，我们打赢了，但是两场战争的差别很大。第一场战争中我们面对法国，但是我们说法语，赞赏法国的文化，我们一部分领导人曾经在法国留学，在法国开始了他们的斗争生涯。第二场战争是跟一个企图统治世界的帝国主义国家较量。几十年过去了，今天我可以说，法国人是我们的对手，而美国人是我们的敌人。也许我说得有点简单化。”他笑着补充道[2]。

首都河内的街道上人头攒动，人们拥挤在总统车队经过的道路两旁，雀跃欢呼。密特朗总统好像听见在喊“董董”，那是他在法国家喻户晓的绰号，觉得很好奇。连忙有人解释说“董董”是越南话，意思是“总统先生”[3]。

1　克洛德·布朗士梅松．武元甲大将的马赛曲．巴黎：米歇尔·德·摩尔出版社，2013.

2　勒内·巴克曼．一顿与武元甲将军共进的午餐．巴黎：新观察家周刊，2013.10.06.

3　克洛德·布朗士梅松，同前。

午宴结束后，弗朗索瓦·密特朗前往位于河内西北部的奠边府，凭吊"盆地"遗址。然后直接前往越南南方的经济首都胡志明市（即西贡）。

结束访越之后，2月11~12日，弗朗索瓦·密特朗在柬埔寨逗留两天。此次逗留也颇有象征意义，因为弗朗索瓦·密特朗是1992年10月"巴黎和约"主要推进者之一，"巴黎和约"恢复了柬埔寨的和平。密特朗将与时任柬埔寨全国最高委员会主席的诺罗敦·西哈努克重逢，重申法国坚决支持柬埔寨临时权力机构，支持在联合国监督下的组织各级民选，并且参观吴哥窟。这是1966年戴高乐将军访柬之后法国总统首次回到柬埔寨[1]。

2001年"9·11"事件之后，雅克·希拉克的纽约之行

2001年9月11日，基地组织以及本·拉登追随者悍然发动袭击，矛头直指纽约的世贸大厦。一周之后，雅克·希拉克成为率先访问美国的外国元首。法国总统访美早就有所安排，不过当时的形势使这次访问显得不同寻常。

他于9月18日抵达华盛顿，首先与乔治·W·布什会晤两小时，表示对美国人民的支持，法国与美国同仇敌忾，共同反对"绝对邪恶"的恐怖主义。

第二天他赶往纽约，在纽约市长陪同下坐直升机巡视"9·11"袭击现场，然后向死难者献上一束三种颜色的鲜花。他们的参观用车是安全局提供的，照例由总统的一位司机驾驶。献花的时候，总统、市长、总统警卫全都下车，司机也下车了。不料那辆美国汽车自行启动了安全模式，也就是车门自动关上了，可是钥匙在车子里！总统只好坐另一辆车离开。雅

1　让－马里·冈巴塞雷斯，同前，第339~340页。

克·希拉克一小时后要在联大做演讲，演讲稿还锁在车里面。警卫人员走投无路，只能砸碎窗玻璃，取出演讲稿。幸亏这辆车子不是防弹的 [1]。

希拉克总统然后会见联合国秘书长科菲·安南。雅克·希拉克后来坦言，从直升机上俯瞰还在冒烟的世贸大厦坍塌的废墟，想到连尸体都找不到的遇难者们，他真想痛哭一场。

2013 年 2 月，弗朗索瓦·奥朗德访问马里

这是继"山猫行动"初战告捷之后，弗朗索瓦·奥朗德对巴马科的一次成功访问。法国总统受到当地人民的热烈欢迎，为何如此呢，有必要介绍一下这次出访的背景情况。

2013 年 1 月初，多数来自北方马格里布基地组织的圣战分子发动攻势，先后攻陷通布图和伯雷，于 1 月 10 日开始进攻孔纳镇。马里军队顽强抵抗，面对圣战分子的强大攻势，他们被迫后撤。马里政府紧急致函联合国安理会，并提出希望法国提供军事支援。采取行动之前，外交部长洛朗·法比尤斯拨打了 50 多个电话，征求非洲各国的意见。听取非洲统一组织以及包括南非总统雅各布·祖玛在内的数位非洲元首意见之后，弗朗索瓦·奥朗德于 1 月 11 日上午 11：00，命令法国军队投入战斗。"山猫行动"由此展开。16：00 左右，法国特遣队在孔纳镇附近与反政府武装交战。此时离总统下令还不到 5 个小时，法国特遣队以及国防部长让－伊夫·勒德里昂手下的军事小组行动神速，令人刮目相看。

与此同时，法军几个战斗营从科特迪瓦出发，沿着公路奔赴战区，据目击者说，当地百姓夹道欢呼，宛如环法自行车赛一般。1 月 27 日收复通布图。圣战分子被迫撤回到北方的山

1　菲利普·杜朗，同前，第 125 页。

区藏身。尽管大家都知道事情还没有完，但是"山猫行动"的第一阶段可谓旗开得胜。

正是在这种背景下，马里政府邀请弗朗索瓦·奥朗德来访。2月2日，他在通布图受到英雄般的欢迎。当地人民非常激动地欢迎解救他们的法国总统。人们挥舞标语牌，上面写着"感谢法国""感谢爸爸奥朗德"。人们争先恐后地伸出手臂，奥朗德总统与他们热烈握手，亲吻孩子的脸颊，举起双臂，做出胜利的手势。用现在年轻人的话来说就是"酷毙了"。很多评论员把此时的场景比作巴黎人民欢迎戴高乐将军进军巴黎，或者巴黎解放后，戴高乐将军穿过香榭丽舍大街接受民众欢呼。近年来，有机会体验这种时刻的国家元首或政府首脑并不多见，至少安格拉·默克尔或巴拉克·奥巴马没有体验过。

弗朗索瓦·奥朗德接着去首都巴马科。同样是密密麻麻的人群，聚集到广场上等待奥朗德，依然举着"法兰西万岁"或"奥朗德爸爸"等标语牌。马里总统首先发言，不停地感谢："谢谢你们的解救……谢谢你们，今天晚上我们不会再听到惨遭凌辱的少女的抽泣。"总统每说一个谢字，人们就齐声重复喊道："谢谢。"

轮到法国总统讲话了。那种几乎可以触摸到的激动，分明写在外交部长洛朗·法比尤斯的脸上。在这种气氛感召下，弗朗索瓦·奥朗德的发言非常出色，结束讲话的时候，他直接向马里民众坦言："我也许刚刚度过我政治生涯中最为重要的一天。"[1]

萨科齐执政期间曾经轰炸利比亚，导致卡扎菲上校垮台。那次军事干预没有经过周密的准备，都是难以驾驭的贝尔纳－亨利·莱维利用媒体大力呼吁的结果。此人很不消停，老是在

---

1 采访让－克里斯多夫·贝利亚尔，外交部非洲与印度洋司司长。

总统身边出谋划策，其实他不是正式顾问，弄得外交部长阿兰·朱佩很恼火。空袭前不征求任何非洲国家的意见，空袭之后怎么办，也没有作过任何考虑。那次行动遭到非洲领袖们的抨击，因为它导致利比亚的混乱局面，整个国家被民兵组织所控制，政局持续动荡。

马里行动则相反，军事打击卓有成效，同时考虑到马里的未来。听取非洲联盟以及几个非洲国家首脑的意见，组建非洲维和部队，动员非洲国家参与行动，布鲁塞尔召开援助马里会议为马里重建筹资（联合国、国际货币基金、世界银行等承诺向马里、萨赫勒地区提供总计40亿欧元的援助），组织各级民选，并且准备与新当选的政府进行合作。照美国人的说法，弗朗索瓦·奥朗德总统"出了力"。法国在非洲打了漂亮的一仗。

9月19日，弗朗索瓦·奥朗德回到马里，与16位非洲元首一起，出席新总统易普卜拉欣·布巴卡尔·凯塔的就职典礼。萨科齐没有征求非洲元首的意见就下令轰炸利比亚，他们当时就指出："用不了多久，你们就会自作自受的。"在马里问题上，弗朗索瓦·奥朗德请非洲元首们一起参与，从而得到他们的认可和支持。

奥朗德总统热爱非洲，经常去那儿，"弗朗索瓦非洲人"的绰号对他来说是名至实归。尼古拉·萨科齐也去非洲，但是他的"行动"大多有始无终。弗朗索瓦·奥朗德以全局眼光看待非洲。2013年5月25日，他作为特邀嘉宾出席在埃塞俄比亚举办的非洲统一组织50周年纪念活动，他是唯一受到邀请的西方国家领导人。为此，他坐"奥朗德一号"抵达亚的斯亚贝巴，并于当天返回巴黎。

返回巴黎的途中，弗朗索瓦·奥朗德先在书房工作，然后请随行记者们围着椭圆形大桌子坐下，谈起国际形势。奥朗德总统强调指出："参加这次高峰会议很重要，我见了潘基文、克里、祖马、麦基·萨勒，谈了萨赫勒地区的问题。"马里的局势如何？"有人称我们会陷入泥潭，我不相信这种论断，因为民兵组织再也得不到外国资助了。"叙利亚呢？"尽管日内瓦会议失败，我们还是要努力争取。如果不争取，别人会指责我们，但是争取不一定意味着我们就能成功。"他然后宣布说："真主党武装将被列入恐怖组织名单。当年荣军院广场举行 58 名法军战士（死于 1983 年 10 月 23 日贝鲁特德拉卡尔大楼爆炸案）葬礼的时候，我担任马克斯·加洛的办公厅主任，当时正值左派执政。"[1]

他也作为尼日利亚总统的特邀嘉宾，出席于 2014 年 2 月 27~28 日举办的"合并"100 周年的庆典活动[2]。

借助"马里效应"，法国又在非洲红了起来。安格拉·默克尔和巴拉克·奥巴马很少来这儿。安倍晋三最近访问过非洲，但那是 10 年来日本首相第一次到访。只有中国人也持有长期一贯的非洲政策。巴拉克·奥巴马意识到美国在这方面落后了，想迎头赶上，于是在 2014 年 8 月 4~7 日举办了由 40 多位非洲国家元首和政府首脑参加的华盛顿美非特别峰会。

最"划算"的访问

法国总统出访外国并不一贯以签订经济合同为目标。照以前的传统，一位政治家或外交家不应该为这种事操心，那是有失体统，甚至会令人狐疑的行径。1964 年，戴高乐将军在与中国建交的演说中，谈到法中建交的政治、战略、外交、历史和文化因素，但是只字不提其中的经济原因。

这种传统的改变始于弗朗索瓦·密特朗。密特朗身为左派社会党的总统，居然为法国的经济利益殚精竭虑，颇有一番反

---

1 塞西尔·阿玛尔. 至今流年不顺. 巴黎：格拉赛出版社，2014：96.
2 1914 年，英国殖民当局决定将两块殖民地（南尼日利亚和北尼日利亚）合并成一个国家，即尼日利亚。尼日利亚于 1963 年获得独立。

讽的味道。1981 年 5 月当选总统之后，从国事访问伊始，他就请企业家同行，开始推行经济外交。弗朗索瓦·奥朗德总统和外交部长洛朗·法比尤斯从 2012 年 5 月开始才概括表述了这个概念。

从外交关系问世之日起，随之而来的商业贸易一直在吸引"商人们"，古代或中世纪也不例外。罗马帝国时代尊贵的威尼斯共和国就是最著名的范例。人们有时候还忘了，成吉思汗率领大军入侵欧洲，建立蒙古帝国，其实可以被看成历史上首次"突破围合"的全球化行动。成吉思汗建立政权，把远东与欧洲连成一片，形成世界上最广阔区域，实现了史无前例的贸易发展。

戴高乐将军时代的官方演讲中没有这些内容，主要谈科学合作、文化交往，但不等于说法国政府不考虑发展贸易往来。从 1964 年夏季开始，法中建交几个月后，法国就举办过一场法国工业设备展览会，展出拖拉机、发电机，还有水泵、卡车等，内容丰富，一应俱全[1]。了解此事的人并不多。

时至今日，这种做法已经司空见惯。媒体热衷于报道大单协议，元首们也引以为豪。其实应当保持平常心，那些协议早晚是要签的，为了配合总统来访，才推迟或提前签署，那也很正常，无可厚非。

有时候，签字是象征性的，仅仅是草签意向书或谅解备忘录而已，事后不一定具体落实。有些预告实在不够慎重，比如尼古拉·萨科齐信誓旦旦，保证能把阵风战斗机卖给巴西，结果失望而归。

1　2014 年 3 月 5 日，雅克·勒布朗大使出席法国 – 亚洲协会的会议时透露。1964 年，勒布朗大使时任外交部秘书，被派到北京工作。2 月底跟随使馆代办克洛德·沙耶来到北京，筹备开馆事宜，5 月份新任大使吕西安·帕耶正式赴北京上任。值得一提的是，克洛德·沙耶于 2014 年 3 月 28 日去世，享年93 岁，那天正好是习近平主席参加中法建交 50 周年庆典，结束访法启程回国的日子，这也许是历史特有的一种机缘巧合吧。

最后，时代的潮流变了，新兴国家不想只被别人看成是倾销产品的市场。在这种情况下，多谈合作伙伴关系、进行政治讨论更为可取，这样能营造一种良好的贸易环境，以融洽的高层关系帮助部长和企业家们采摘经济合作的果实。法国财政部目前关注的另一个侧重点是限制"技术翻转"。新兴国家跟我们签大笔合同的时候，都希望获得更多的技术转让。财政部的意图是好的，但肯定违背新兴国家的意愿。

尽管如此，公布诸如出售空中客车、建立合资汽车公司、开辟奢侈品商店或建设核电站的消息，还是非常应景的。从这个角度来衡量，法国签订的最大的合同，也许不在巴西，不在中国，也不在印度，而是法国电力集团与中国联手在英国建设两座 EPR 核电站[1]。2014 年 8 月 8 日，布鲁塞尔批准了这份高达 300 亿欧元的合同。

雅克·希拉克 2004 年访问中国，签署了 40 亿欧元协议。2007 年 10 月，尼古拉·萨科齐访问摩洛哥期间，与摩洛哥签署了建设高铁的合同，无疑也能跻身法国总统出访期间签署的重大合同之列。这条高速铁路预计造价为 18 亿欧元，将成为阿拉伯世界的第一条高铁。可是签字前几天传出塞西莉亚要求离婚的消息，闹得沸沸扬扬，使得高铁合同得不到足够的宣传报道，很可惜。

2013 年 10 月 14 日，弗朗索瓦·奥朗德访问比勒陀利亚，阿尔斯通公司在南非签订 43 亿欧元的合同，也应该列入总统出访期间签署的大单合同排行榜。

2014 年 3 月 25~28 日，中国国家主席习近平访问法国，期间签订了包括 70 架空中客车、1000 架直升机、标致 - 雪铁龙集团的汽车项目、旅游、肉制品、可持续发展城市、葡萄酒等在内的 140 亿欧元的合同。弗朗索瓦·奥朗德当时在一次演

1　采访亨利·普格里奥，时任法国电力集团董事长兼首席执行官（2014 年 2 月 17 日）。

讲中称，跟中国签订的所有这些合同，意味着在法国保持或新增相应数量的就业岗位。合同签署之后，会进行具体跟踪落实。

时间最长和最短的出访

时间最长的出访，当然要数 1964 年 9~10 月戴高乐将军为期 3 周的拉美之行。乔治·蓬皮杜、瓦雷里·吉斯卡尔·德斯坦访华达一周或一周以上，属于长时间出访（访问中国将另辟一章，我们会专门提及）。根据目前的标准来看，弗朗索瓦·奥朗德 2012 年 12 月对阿尔及利亚的两天访问，可以算作长时间访问，到目前为止，他担任总统之后历时最长的出访，是 2014 年 11 月 14~20 日的澳大利亚、新喀里多尼亚之行。

与此相反，时间最短促的出访，比如短短几小时的访问，我们可以提到尼古拉·萨科齐 2008 年 8 月 8 日参加北京奥运会开幕式的中国之行、2009 年 10 月 6 日对哈萨克斯坦的访问以及 2011 年 2 月 25 日的土耳其之行。奥朗德 2012 年 12 月的波兰之行，也可以归入此类。

1964 年 9 月 21 日至 10 月 16 日，戴高乐将军访问拉美

1964 年底，戴高乐将军对处在美国势力范围内的南美洲十国作了为期三周的访问。长达三万公里的拉美之行不啻是对美国的公然挑战。他会见所有这些国家的元首，经常在议会或者大学讲演，有时候站在政府大楼的阳台上直接对民众讲话，而且绝大多数演讲都用的是西班牙语，令人刮目相看。

他利用一切场合，强调法国希望与这些国家进行科技和文化交流。法国外交部利用戴高乐将军出访的机会，购置使馆的用房，因为那时候法国在有些国家还没有成立使馆。戴高乐将军 1964 年 4 月访问过墨西哥，他站在墨西哥国家宫正门的阳

台上，面对数十万墨西哥人用西班牙语做演讲，最后说了一句流传至今的名言——"让我们携手并进"。

他 9 月 20 日经过瓜德鲁普，21 日前往委内瑞拉，22 日来到哥伦比亚（波哥大），24 日抵达厄瓜多尔（基多），25 日在秘鲁（利马），28 日访问玻利维亚（科恰班巴）。切·格瓦拉的战友雷吉斯·德布雷，因打游击被捕入狱，当时关在玻利维亚，他专门给戴高乐将军写信，请他敦促玻利维亚当局释放自己。这封信如今保存在共和国档案局。

戴高乐将军 29 日访问智利，他乘坐科尔贝巡洋舰抵达阿里卡。在海上航行两天两夜之后，10 月 1 日到达瓦尔帕莱索。10 月 3 日前往阿根廷（布宜诺斯艾利斯、科尔多瓦），6 日去巴拉圭（亚松森），然后于 8 日访问乌拉圭（蒙得维的亚）。10 日，他再次登上科尔贝巡洋舰，海上走了三天三夜，于 13 日抵达巴西的里约热内卢，当天前往巴西利亚，14 日到了圣保罗，15 日返回里约，10 月 16 日离开巴西回国[1]。

五十年之后，人们对戴高乐将军对拉丁美洲历时近一个月的国事访问记忆犹新。他当年走访的某些国家还在缅怀那次访问，因为戴高乐将军离开后，他们再也没有接待过法兰西共和国总统。

如今，我们难以想象让尼古拉·萨科齐或者奥朗德离开法国三个星期、坐船出访，把三天时间花在海上。更何况传闻萨科齐不喜欢出国访问，而弗朗索瓦·奥朗德虽然喜欢出国，可是跟他的前任一样，时间安排也很紧张。

2011 年 2 月，尼古拉·萨科齐出访土耳其

2011 年 2 月 25 日，尼古拉·萨科齐前往土耳其，作为

1　夏尔·戴高乐研究院. 戴高乐将军生平记事. 巴黎: 普隆出版社, 1974: 212～213.

二十国集团主席只停留了 5 个小时。土耳其政府认为这次访问是对土耳其的蔑视，土耳其总理埃尔多安声称："萨科齐总统的来访有愧于土耳其与法国之间的友谊。"更何况大家都知道尼古拉·萨科齐公开反对土耳其加入欧盟。这次访问之短促在博斯普鲁斯海峡两岸引发了大量的评论。

闪电式总统访问似乎成了尼古拉·萨科齐的特长：2008年 8 月 8 日，他去中国出席奥运会开幕式，只待了几个小时；2009 年 10 月 6 日访问哈萨克斯坦也只花了几个小时。

2012 年 12 月，弗朗索瓦·奥朗德访阿尔及利亚

弗朗索瓦·奥朗德喜欢阿尔及利亚，对这个国家情有独钟。在国家行政学院读书的时候，他就在法国驻阿使馆完成了一年级的实习，那是在 1978 年。2006 年 7 月，他以社会党第一书记的身份重返阿尔及利亚，受到元首般的接待。阿尔及利亚总统阿卜杜勒 – 阿齐兹·布特弗利卡与他畅谈 3 小时（原定只谈 1 个小时）。

2011 年 12 月，他从总统竞选中抽空，再次来到阿尔及利亚，见到了阿尔及利亚 1962 年独立后的首任总统艾哈迈德·本·贝拉。本·贝拉年轻时是一位优秀的职业足球选手，曾经效力于马赛奥林匹克足球队。弗朗索瓦·奥朗德也是足球迷，他对本·贝拉说："您那时候踢中场。"

党内初选以及随后的总统竞选期间，阿尔及利亚是奥朗德唯一同意前往的欧洲境外的国家。

在此期间，我多次想促成他访问亚洲，去中国、日本，哪怕越南也行。因为我脑子里一直想着 1981 年 2 月我为弗朗索瓦·密特朗筹备的中国之行。弗朗索瓦·奥朗德起初原则上没有反对。他知道现在的记者们，对于 1981 年弗朗索瓦·密特朗成功访问中国这件事，没有什么概念，他们那时候年纪还

小。与越南方面初步接触之后，我着手筹备，态度也强硬起来，要他们把时间空出来以便安排访问。有一天，我和奥朗德、斯特凡·勒福尔三人在奥朗德的国民议会办公室开会。他俩对我说，现在是内部选举，没有办法组织亚洲之行，内部选举之后也组织不了。我表示完全理解。

2012 年 12 月 19~20 日的阿尔及利亚之行，持续两天，活动安排密集。行程为两站（阿尔及尔、特莱姆森），随行人数庞大（二百余人），举办无数隆重的仪式，等等。假如仔细分析，这次访问可谓法国总统最后的"老式"出访之一。弗朗索瓦·奥朗德之所以同意如此行事，究其原因，首先是他对阿尔及利亚有着格外的兴趣，然后还考虑到阿尔及利亚领导人的年纪和习惯、我们两个民族的历史，必要的隆重有利于弥合两国的政治和心理分歧，从而推动我们的双边关系进入新的发展阶段。

弗朗索瓦·奥朗德担任总统之后，迄今历时最长的访问，非 2014 年 11 月 14~20 日的出访莫属：出席澳大利亚布里斯班举办的二十国集团峰会，访问新西兰，最后对澳大利亚进行国事访问（悉尼、堪培拉）。那是法国总统首次访问澳大利亚。

2012 年 11 月，弗朗索瓦·奥朗德访问波兰

弗朗索瓦·奥朗德 2012 年 11 月 16 日的国事访问，总共不超过 24 小时，而波兰是欧洲的大国，由此可见，如今的共和国总统们被日程安排左右，无法顾及各派的政治感受了。

弗朗索瓦·奥朗德作过短暂的出访，今后可能还会这么做。虽然他的访问没有其前任那么短，但是最近几年双边访问的日程呈现日益缩短的倾向，所以话要留点余地。这种情况的发生，各国的礼宾部门目前都能接受，关键在于提前通知并且予以解释，而不该是单方面决定，给人不把东道主放在眼里的感觉。

"首次访问"

首次访问美国

1960 年 4 月 22~29 日，戴高乐将军访问美国，成为第五共和国首位访美的总统。不过在此之前，樊桑·奥里奥尔总统已经乘坐法兰西岛号轮船去过美国，见到了美国总统哈里·杜鲁门，那是在 1951 年 3 月。

戴高乐将军对美国的访问，属于他 1960 年 4 月 18 日至 5 月 4 日"美洲之行"（当时流行这种说法）的一部分。在此期间，法国总统首先到了加拿大，然后去美国、圭亚那和安的列斯群岛。访问持续了 16 天。

4 月 22~29 日，他在美国访问，去了华盛顿、纽约、旧金山和新奥尔良。一路上受到民众的热烈欢迎。他在华盛顿会见了美国总统——德怀特·大卫·艾森豪威尔将军。此时正值冷战高潮，戴高乐将军来到国会大厦，对参众两院的议员们说道："法国选择站在自由的人民一边，她选择了和你们在一起。……对法国来说，伟大的美国人民的友谊比什么都重要。这就是我来这儿要告诉你们的话。"话音未落，议员们齐刷刷起立，热烈鼓掌。戴高乐将军继续在美国的凯旋之旅。

让－贝利亚[1] 作为翻译，陪同戴高乐将军访问美国，1996 年在《希望》杂志上刊登文章，回忆自己的亲身经历[2]。这篇文章记述了以下几则趣闻。

在旧金山的一次晚宴上，戴高乐将军知道赫鲁晓夫几个月前到过加利福尼亚，于是向东道主打听苏联领导人关注什么问题。

1　让－贝利亚是外交官，"自由法国"的老战士，时任法国驻芝加哥总领事。法国大使埃尔维·阿尔方请他给访美的戴高乐将军当临时翻译。

2　让－贝利亚. 1960 年的美国之行. 巴黎:《希望》杂志，No. 109.（1996）. 夏尔·戴高乐基金会档案。

"赫鲁晓夫来的时候，跟你们说了些什么啊？"将军问道。

"他对我们遇到的首要问题很感兴趣。"

"日本羽翼丰满？与中国的关系？"

"不，总统先生，水。加利福尼亚缺水，与邻近的几个州闹矛盾，科罗拉多州、新墨西哥州把水价抬得很高。"

戴高乐将军只好硬着头皮谈加利福尼亚的水荒，有点失望。

"赫鲁晓夫怎么说的？"

"他说苏联的水很多，不过有朝一日，苏联南部地区可能也会有缺水的问题。苏联工程师正在考虑改变河道，不让它们流向北极地区。"

戴高乐将军尽管很失望，但他还在坚持：

"中国呢？"

"我们没有问他。"

将军知道再打听也没用，他不会得到任何有关赫鲁晓夫的信息，于是转过脸去，跟右座的女宾寒暄起来。坐在将军身后的翻译立刻挪到左边。他有一张带滑轮的罗马式方凳，能够根据将军交谈的情况，迅速地左右移动。这张凳子本来是影片《宾虚》的道具，滑轮是市政厅的后勤主管装上去的，由此可见加利福尼亚的务实精神。

爱丽舍宫的国宴也应该采用这种发明啊！

幸亏戴高乐将军在华盛顿、特别在跟美国副总统理查德·尼克松讨论问题的时候，打听到了赫鲁晓夫的一些情况。1959年9月，这位苏维埃领导人正式访问美国。访问期间，赫鲁晓夫时而怒气冲冲，时而诙谐幽默。尼克松特意告诉戴高乐将军说："赫鲁晓夫很厉害，有幽默感，难以对付。我跟他吵过架。……我觉得，我们处理问题的方法以及前期谈判可以灵活一些，但是关键的地方不能作任何让步。"戴高乐回答说：

"应当帮助他们开放边境。…… 很多问题只是偶然事件，会过去的，俄罗斯会存在下去。"他们俩就这样交谈着，脑子里实际上在考虑几周后将在巴黎召开的四国会议。苏联的赫鲁晓夫、美国的艾森豪威尔、法国的戴高乐、英国的卡拉汉将于1960年5月14日出席四国会议，讨论德国局势、柏林的地位以及核试验问题[1]。

当天晚上，旧金山体育场人山人海，在耀眼的聚光灯照射下，戴高乐将军走上主席台，拿起话筒。刹那间，语言展现出神奇的力量，一句句为美国西海岸度身定制的朴素的话语，被不时爆发的热烈掌声所打断。最后，将军铿锵有力地喊道："法兰西万岁！我们的盟友美国万岁！芝加哥万岁！"全场鸦雀无声，一片惊愕。翻译的反应很快，他大声翻译道："旧金山万岁！"

第二天下午，在飞往新奥尔良途中，戴高乐将军把随团翻译让－贝利亚叫进他的机舱，对他说："我大概用不着您了，我们在这儿就像到法国。"将军过于乐观了。专机降落停稳之后，舱门打开，市政厅礼宾官走进机舱："戴高乐将军，Welcome。"接着立刻改口，面带笑容地用法语说道："Bienvenue。"这是戴高乐将军和代表团在新奥尔良听到的绝无仅有的几个法语单词之一。

次日，市政厅隆重举行宴会，1500人参加，每桌十位宾客，总计150桌。戴高乐将军将于新奥尔良市长和路易斯安娜州的州长同桌进餐。州长的座位此时还空着。忽然锣声大作，只见从楼底下跑上来一个人，一手拿着红围巾，另一只手举着酒杯。此人就是路易斯安娜州的州长厄尔·康普斯·隆，疯子，十足的疯子。他在医院里住了半年，1月份出院……名义

1　四国会议其实不欢而散。美国U-2高空侦察机被苏军击落，赫鲁晓夫提前退出会议。

上痊愈了。

宴会开始之前，乐队在教堂前面的广场上演奏两国国歌，州长一手挥舞红围巾和酒杯，另一只手把一根粗雪茄塞进嘴里，然后走到法国总统面前，搂住戴高乐的肩膀，抓住他的胳膊使劲晃动，冲着他嚷道："欢迎！"戴高乐用力挣脱，告诉让－贝利亚："这个人讨厌，纠缠不休，别让他烦我。"新奥尔良市长拉住州长，把他拖到右边去了。

市长看见他走近餐桌，抢先给他引座，跟将军隔开四个座位。料事如神啊，因为有人在州长的脚下放了一只白颜色的搪瓷痰盂，州长频频朝里面吐痰，不等宴会结束就扬长而去了。

首次访问苏联

首次访问苏联的依然是第五共和国首任总统戴高乐将军。那是在 1966 年 6 月 20 日至 7 月 1 日，他还是把苏联称作"俄国"。

戴高乐将军在 1960 年 3 月接待过尼基塔·赫鲁晓夫。他是首位正式访问法国的苏联领导人。那次访问期间，皮埃尔·若克斯陪尼基塔·赫鲁晓夫到过加尔省，参观了罗纳河下游与朗格多克公司和皮舍革吕水泵厂。公司董事长菲利普·拉慕尔[1]亲自陪同参观。

一个月前——1960 年 2 月——戴高乐将军出席皮舍革吕水泵厂的启动仪式，该厂取名为阿里斯蒂德－杜蒙水泵厂，坐落在贝勒加德村的南边。它从罗纳河中抽水，注入罗纳河下游与朗格多克公司的水渠，用于整个地区的农业灌溉，希望把朗格多克地区改造成"法国的加利福尼亚"。这个公司后来改名为"罗纳河下游与朗格多克"（BRL），菲利普·拉穆尔去世

1　我跟菲利普·拉穆尔很熟，我们是加尔省的同乡。20 世纪 80 年代初，他主持朗格多克－鲁西荣经济社会委员会工作的时候，我以"专业人士"的身份成为委员会委员。

后，那条水渠也更名为"菲利普·拉穆尔水渠"。

那时候，戴高乐将军认为完全可以和赫鲁晓夫谈"在各种实际领域的法俄合作"，没有任何拒绝谈判的理由。那么两人见面时谈什么呢？谈法国与俄国的传统友谊、两次世界大战中的结盟、苏联目前对世界和平所起的关键作用。谁也挑不出刺儿的话题。

1966 年访问莫斯科之际，戴高乐将军提出"缓和、谅解、合作"的三原则，并于 6 月 30 日签署建立"大委员会"的联合声明[1]。

首次访问日本

现在回过头来看，访问日本的筹备工作显得比较困难。乔治·蓬皮杜原定于 1974 年 4 月 23~24 日正式访日，不料他于 1974 年 4 月 2 日去世，访问被迫取消。

吉斯卡尔·德斯坦总统在任期间，居然没有对日本作过正式的双边访问，有点匪夷所思。1979 年 6 月 26~28 日，他去日本参加七国集团峰会，亦称工业发达国家峰会，但是预定于 1980 年 10 月的正式访问没有实现。

在东京举行的七国集团峰会上，吉斯卡尔·德斯坦总统因当选总统的年份最长，按照日本皇室的礼仪规定，坐在裕仁天皇边上。晚餐时，总统问天皇："一个人大半生被奉若神明，是什么样的感觉？"天皇略微思索后回答说："没有带来什么变化。"[2] 1981 年以后，瓦雷里·吉斯卡尔·德斯坦以私人名义去过日本，在东京以南 150 公里的一座庙宇中，观看了一场为天皇举办的私人相扑锦标赛。

因此，弗朗索瓦·密特朗是首位赴日本进行双边国事访问

---

1 于贝尔·韦德里纳，同前，第 100 页。
2 采访共和国前总统瓦雷里·吉斯卡尔·德斯坦，2014 年 3 月 12 日。

的法国总统，时间安排在 1982 年 4 月 14~19 日。

首次访问中国

1973 年，乔治·蓬皮杜总统首度访问中国。他在访问期间见到了毛泽东。（这次访问将在稍后的"中国之行"一章中予以介绍）。

瓦雷里·吉斯卡尔·德斯坦在独裁将军们垮台后访问希腊、在佛朗哥去世后访问西班牙

现在的年轻一代肯定很难想象，葡萄牙、希腊、西班牙等欧洲国家几年前还处在独裁统治之下。萨拉查建立的葡萄牙独裁政权于 1974 年被推翻，希腊的军事独裁当局也在 1974 年结束，佛朗哥 1975 年去世，其独裁政权因此告终。

1975 年 9 月，瓦雷里·吉斯卡尔·德斯坦成为首位访问民主希腊的法国总统。飞机在当时还位于海滨的机场降落之后，受到康斯坦丁·卡拉曼利斯总理的迎接，然后驱车前往雅典市中心。吉斯卡尔·德斯坦和卡拉曼利斯在政府大厦的广场上散步，受到无数民众的热情欢迎。

1975 年 11 月，吉斯卡尔·德斯坦来到西班牙。佛朗哥长期卧病，死于 11 月 20 日。11 月 22 日，胡安·卡洛斯一世王子在国会宣誓，西班牙重新成为民主国家。11 月 27 日，胡安·卡洛斯在感恩曲的乐声中正式继位。吉斯卡尔·德斯坦是唯一出席登基典礼的国家元首，德国总统来晚了，没有及时赶到。法国总统亲临现场，无疑为呱呱坠地的新政权提供了民主世界的坚强支持。

1978 年 6 月底，吉斯卡尔·德斯坦总统又回到西班牙，成为率先正式访问西班牙的欧洲国家元首。他与夫人下榻阿兰胡埃斯皇宫，距离马德里以南 50 公里开外。胡安·卡洛斯国

王在此隆重举办国宴，瓦雷里·吉斯卡尔·德斯坦总统也举办答谢宴会，当时还流行这么做。西班牙政界的各路精英都接到邀请，悉数出席盛会。吉斯卡尔·德斯坦总统跟我畅谈了自己对那天晚上的回忆："在同一个大厅里，我惊喜地看到了胡安·卡洛斯国王及其家人、当时的总理阿道弗·苏亚雷斯[1]、佛朗哥将军的遗孀和女儿、年轻的社会党总书记费利佩·冈萨雷斯和妻子，以及刚从莫斯科流放归来的西班牙共产党总书记圣地亚哥·卡里略。国王跟大家交谈。想到西班牙不久以前的历史，此情此景不免令人感到惊讶，同时又充满着希望。"[2]

1987 年 5 月，法国总统首次从加拿大返回

弗朗索瓦·密特朗决定于 1987 年 5 月 25~27 日访问加拿大。外交部不太赞成他去魁北克，因为三个月之后，他要去那儿参加第二届法语国家峰会。密特朗不听外交官的意见，坚持要去，甚至提出要去加斯佩。1534 年 7 月，雅克·卡蒂埃以法国国王的名义，占领了这片荒地。他说："我要去那儿看望同胞，看望那些祖先的儿女们，他们为不幸的法国洒过热泪，对它抱有无比的希望。"

于是乎，加拿大国事访问的行程中又加了一站。访问渥太华、对参众两院发表演讲之后，他就去了魁北克，参观加斯佩以及被圣劳伦斯河环抱的加斯佩半岛。他满意地眺望着 450 年前被雅克·卡蒂埃及其手下所征服的辽阔海洋，他们在这儿安营扎寨，奠定了日后北美法国领地的基础，而当年他们向西启程的本意是为了找到前往中国的海上通道。然后，密特朗在魁北克议会大厦的红色大厅发表演讲，心平气和地指出，我们可以尊重渥太华的法律，同时保持对魁北克及其座右铭的忠诚，

1　阿道弗·苏亚雷斯，1976~1981 年任西班牙总理，后佛朗哥时代民主转型的关键人物，2014 年 3 月 23 日去世。
2　采访共和国前总统瓦雷里·吉斯卡尔·德斯坦（2014 年 3 月 12 日）。

"我依然记得"。

当天晚上盛大的官方宴会上，魁北克总理罗贝尔·布拉萨坐在弗朗索瓦·密特朗左边。席间他问法国总统，官方文件必须使用法语，这个规定怎么来的？魁北克境内的语言之争当时正步入高潮。

弗朗索瓦·密特朗立刻把随同出访的米歇尔·夏拉斯叫过来。

"我们规定官方文件必须使用法语，是怎么做到的？这您知道吗？"

"我知道，总统先生。1539年，弗朗索瓦一世颁布维莱科特雷法令，是他决定的[1]。"

米歇尔·夏拉斯的回答很到位，弗朗索瓦·密特朗不动声色地追问道：

"回国以后，您能立刻找到原文，呈送给布拉萨总理吗？"

"一定照办，总统先生。"

弗朗索瓦·密特朗听罢，便回头跟罗贝尔·布拉萨说了弗朗索瓦一世的法令，并且保证回国后马上复印一份寄给总理。

米歇尔·夏拉斯回到自己的座位，晚宴继续进行。然而他在想如何给总统带去一个惊喜。此时魁北克时间大约二十点，巴黎是凌晨两点。凑巧的话，国民议会的夜间会议也许还没结束，这样巴黎就可以给他发传真。于是他去看了一下"传递员"的情况，宴会厅隔壁的确有一台传真机（那时候既没有电子邮件，也没有扫描仪）。于是他拨通社会党议会党团一位女助手的电话。米歇尔·夏拉斯先后担任过"民主与社会主义左派联盟""社会党"议会党团的副秘书长和秘书长，堪称波旁宫的

1　弗郎索瓦一世于1539年8月签署维莱科特雷法令（维莱科特雷如今是埃纳省的一个城市），他当时在位已经25年。该法令——尤其是第110条和111条——规定，凡"涉及法兰西王国公共生活的文件均应优先并排他性地使用法语"。法语从此取代拉丁语，成为法律及行政的官方语。维莱科特雷法令肯定是法国至今仍在使用的最古老的法律文件。

路路通。女助手立刻接了电话，那天晚上果然有会。

"你能不能在图书馆找到维莱科特雷法令的复印件啊？找到的话，能否把涉及正式文件必须使用法语的条款传真给我啊？我记得是第110和111条。总统要用。"

"好的，当然可以。图书馆最近装了一台传真机。"

"太好了！谢谢你。"

过了三刻钟，"传递员"给米歇尔·夏拉斯送来两份传真，内容是弗朗索瓦一世法令中的两个条款。他立刻把传真拿给弗朗索瓦·密特朗，后者转手交给布拉萨总理，脸上看不出一丝惊讶。

不过宴会结束后，快要上车的时候，总统将米歇尔·夏拉斯拉到一旁，问他刚才是怎么做到的。米歇尔·夏拉斯和盘托出，洋洋得意[1]。

1987年9月首次"超音速马拉松出访"

这不是法国总统首次正式访问外国，也不是某位总统的首次出访，而是一位总理的"超音速马拉松出访"，此人就是"左右共治"时期的雅克·希拉克。不过一旦说起与众不同的出访，人们自然会想到它，确实了不起。这次出访值得一提。

1987年9月16~18日，弗朗索瓦·密特朗手下的雅克·希拉克总理，在26小时30分钟内飞了4.8万公里。他星期三出发，飞往瓜德鲁普的皮特尔角跟省长开会，然后到达利马会见秘鲁总理，离开利马后直奔法属波利尼西亚的豪环礁，问候法国特工"蒂朗吉夫妇"[2]，最后降落在新喀里多尼亚的努美阿，发表演讲呼吁民族和解之后，返回巴黎。

1　采访米歇尔·夏拉斯（2014年4月9日）。

2　这是两位法国特工——阿兰·马法尔少校和多米尼克·普里厄上尉——的假名。他们于1985年7月10日参与了在新西兰港口奥克兰炸沉"彩虹勇士号"的行动。

对"……斯坦"等新国家的首次访问

首次访问"……斯坦"的西方国家总统是弗朗索瓦·密特朗，他在 1993 年 9 月访问哈萨克斯坦，1994 年 4 月先后访问乌兹别克斯坦和土库曼斯坦。苏联解体、原先属于苏维埃联盟的国家独立之后，弗朗索瓦·密特朗就想去那儿。他酷爱历史和文化，从他的内心深处而言，我敢肯定，他是想利用出访的机会，看一看阿拉木图、塔什干、撒马尔罕等古代丝绸之路沿线的重镇，拜谒帖木儿的陵墓。

代表团于 1994 年 4 月出发，总计由 250 人组成。那么多人要住宿，再加上机组和警卫人员，安排起来就更加棘手了。先遣队必须尽量征用酒店客房。到了土库曼斯坦，那儿一无所有，要什么没什么。当地的一位负责人把首都阿什哈巴德的酒店跑了一遍，其中三家酒店还看得过去，谁知那只是外表靓丽，"先遣队"推开大门以后，才发现有些酒店里面简直是一片废墟。无奈之下，只能让代表团成员几个人挤一间还能用的客房，或者在附属建筑中临时搭宿舍。此外还要从法国空运食品和饮用水。总统住进条件最好、即不太破烂的酒店，饱受频繁断水和断电之苦[1]。

这次长途跋涉过程中，弗朗索瓦·密特朗加深了对陪同出访的尼古拉·萨科齐的了解。时值"左右共治"，尼古拉·萨科齐担任财政预算部长、巴拉迪尔总理的政府发言人。他俩并肩在撒马尔罕帖木儿的陵墓附近散步，密特朗跟萨科齐讲这个地区的历史，最后对他说："您能言善辩，很厉害，您会走得很远。"[2]

弗朗索瓦·密特朗也预感到，这些国家幅员辽阔（哈萨克

1　菲利普·杜朗，同前，第 206~207 页。
2　雅克·阿塔利，同前，第 361 页。

斯坦的面积是法国的五倍），蕴藏大量的能源，它们将在谱写历史新篇章的中亚地区扮演重要作用。他想把法国带到这儿来。

他是一位先驱，不过也许在那个时代思想太超前。因为法国企业（除了阿海珐和道达尔）迟迟没有响应他的呼吁。不过也不能全部归咎于企业，弗朗索瓦·密特朗此行之后，就没有组织过这种级别的访问。应当指出，1993 年以来，法国总统很长时间都没有去过哈萨克斯坦，尼古拉·萨科齐于 2009 年10 月 6 日进行的访问，已经是 16 年以后了，而且他只待了几个小时。哈萨克斯坦总统努尔苏丹·纳扎尔巴耶夫，自从国家独立以后，有十几次访问法国，当然多次以私人名义而来。2014 年 12 月 5~6 日，弗朗索瓦·奥朗德访问哈萨克斯坦，4日晚上从巴黎启程，弥补令人遗憾的往事。我跟奥朗德的助手们一再强调，让他千万别"步萨科齐后尘"，要他在这个国家过一夜，而且除了首都阿斯塔纳，他还得去阿拉木图。不出所料，他们起先讨论的时候并没有考虑这些内容。哈萨克斯坦政府已经等了 21 年，期待有这样的访问。

我和作家马立克·沃特、法国奥运会主席德尼·马瑟格利亚一起，作为奥朗德总统的特邀嘉宾，陪同总统访问。总统专机上，除了部长、议员、嘉宾和企业家之外，还有十多位教授，使得此次访问不同寻常。

总统专机于 12 月 5 日清晨降落在地处荒原的阿斯塔纳机场，窗外零下二十度，漫天风雪呼啸。弗朗索瓦·奥朗德两天内多次与努尔苏丹·纳扎尔巴耶夫总统会谈，双方签订十几项经济协议、二十多项高教协议，法国总统还宣布开辟巴黎 – 阿斯塔纳航线，2015 年开通，并且表示在恰当的时候支持哈萨克斯坦，申请成为法语国家及地区国际组织的观察员国。

这次国事访问最后爆了一个冷门：返程时突然宣布绕道莫

斯科，会见俄国总统弗拉基米尔·普京。原先乘坐总统专机的总统嘉宾、商界人士和大学教授们改坐代表团二号专机直接返回巴黎，媒体记者坐上总统专机，以便报道奥朗德－普京会面的新闻。

首次访问南非

爱丽舍宫的公关人员把 2008 年尼古拉·萨科齐的南非之行，说成是法国总统首次到非洲英语国家的访问。

其实不然，早在 1994 年 7 月初，弗朗索瓦·密特朗就访问过刚刚摆脱种族隔离制度的新南非。那次访问起因不在于南非是英语国家，而是因为法国从 1981 年起，当纳尔逊·曼德拉依然被囚禁的时候，就采取了制裁南非当局种族隔离制度的政策，所以纳尔逊·曼德拉坚持让密特朗成为首位对南非进行国事访问的西方元首。弗朗索瓦·密特朗下令对南非实行经济制裁，而他的前任们则相对宽容比勒陀利亚当局，以便从南非进口铀矿石。弗朗索瓦·密特朗取消了所有的官方正式接待南非领导人的计划，允许纳尔逊·曼德拉的非洲人国民大会在巴黎开设办公室。长达 27 年的囚禁之后，纳尔逊·曼德拉于 1990 年 2 月 11 日获释。弗朗索瓦·密特朗立刻邀请他于 1990 年 6 月访问法国，予以国家元首般的款待，其实他当时只担任非洲人国民大会主席。1994 年 4 月首次举行不分种族的全民普选，曼德拉成为南非历史上首位黑人总统。

正式访问比勒陀利亚期间，弗朗索瓦·密特朗来到罗本岛曾经囚禁纳尔逊·曼德拉的监狱。参观过程中，他走进马蒂巴牢房（马蒂巴是曼德拉的族名，意思是"老爹"），里面一片寂静，他站在格拉萨·马谢尔[1]妹妹的身边，握住她的手，这个

---

1 格拉萨·马谢尔是莫桑比克解放阵线主席、莫桑比克开国总统马谢尔·萨莫拉的妻子。马谢尔·萨莫拉总统于 1993 年遇难去世。1998 年她嫁给纳尔逊·曼德拉，后者于 1996 年与温妮·曼德拉离婚。

动作充满了象征意义[1]。

2013 年 12 月 5 日，纳尔逊·曼德拉与世长辞，弗朗索瓦·奥朗德决定参加曼德拉的葬礼，邀请尼古拉·萨科齐一起去。正在访华的让－马克·埃罗总理接到指令提前回国，因为要把奥朗德借给他出访的总统专机还给总统。后来出于很多原因，新老两位总统分别坐上两架国家的猎鹰公务机同时起飞，同时抵达约翰内斯堡。

2014 年 2 月，弗朗索瓦·奥朗德访问美国

我们选择弗朗索瓦·奥朗德 2014 年 2 月 10~13 日的美国之行，当然不是因为他是首位访美的法国总统，也不因为那是弗朗索瓦·奥朗德初次访问美国（2012 年 5 月当选总统之后，他已经访问过美国），而是因为美国自 1996 年以来，首次允许法国总统进行隆重的国事访问；而且这次访问组织的速度之快也是破天荒的，因为巴拉克·奥巴马 2013 年 11 月 22 日才宣布这个消息。最后还有法美总统史无前例地在《世界报》发表共同署名文章[2]。评论员们称，美国这么做的目的是为了请法国人原谅巴拉克·奥巴马在叙利亚临时变卦，原谅他在空袭巴沙尔·阿萨德政权时出尔反尔、以及美国国家安全局针对盟友展开的各种各样间谍活动。

不管怎样，美国方面铺上红地毯，想方设法取悦爱丽舍宫的主人。弗朗索瓦·奥朗德到达的前夕，米歇尔·奥巴马发表电视讲话表示欢迎，白宫的甜品大厨比尔·约赛斯向电视观众介绍专门为国宴准备的用糖制作的百合花，他精通法语。在媒体看来，350 位宾客出席晚宴，堪称这次访问的亮点之一，弗朗索瓦·奥朗德单身出席晚宴，没有第一夫人的陪伴。不过这

1　采访于贝尔·韦德里纳（2014 年 3 月 24 日）。
2　2013 年 2 月 11 日《世界报》（2 月 10 日在巴黎发行）。

已经有过先例，中国国家主席上次访问华盛顿的时候，夫人也不在身边。

话说回来，巴拉克·奥巴马选择用"空军一号"，将刚刚落地的法国来宾直接带到托马斯·杰弗逊故居蒙提切娄，的确用意颇深。托马斯·杰弗逊（1743-1826）是美国第三任总统，1785~1789年担任美国驻巴黎大使，会说法语，热爱法国文化。奥朗德总统平时很风趣，忍不住幽默了一句："杰弗逊从拿破仑手里买下了路易斯安那，而我们今天不主张任何权利。""空军一号"往返于弗吉尼亚州和安德鲁斯基地之后，两人再坐总统直升机"海军陆战队一号"，于19：00左右降落在白宫草坪上。这一天，人们看见巴拉克·奥巴马几次把手搭在弗朗索瓦·奥朗德的肩上，以示友好。

为了这次国宴，白宫花园里专门搭起帐篷，按照法式花园的风格进行装饰，餐桌之间摆上盆栽，还有从帐篷顶上垂落的藤蔓和蓝色鸢尾花。一辆微型客车在鸡尾酒会大厅和晚宴帐篷之前穿梭往来，免得宾客们露天走动，此时气温为零下五度。法国总统入座，右边是米歇尔·奥巴马，左边是美国总统。礼宾官把塞尔玛·金安排在奥巴马左侧，她是哈莱姆画室博物馆馆长，平时相当低调。

在这两天期间，两位总统在一起的时间有七个小时，想尽一切办法来显示相互默契，掩盖他们的分歧。

访美的最后一天，弗朗索瓦·奥朗德来到加利福尼亚，选择去旧金山附近的硅谷考察高新技术企业。头天晚上他接见了美国商会企业家代表团。他在加利福尼亚与七位来自谷歌、微软、脸书、推特等公司的领导吃了午饭，不提有争议的话题。他参加以孵化高新科技公司为宗旨的法国科技中心的剪彩，见到很多在此落户的法国企业家，然后大约两千八百位法国同胞来到希尔顿酒店聆听总统讲话。他又说了希望在法国提倡创业精神，宣布一些激励政策，比如推动社会参与性融资，发放人才护照、实行有利于初创型科技公司吸引人才和提高薪酬的新举措等。

新闻媒体认为奥朗德的做法很新。其实不尽然，因为弗朗索瓦·密特朗早在 1984 年 3 月 26 日——几乎 30 年前——已经来过加州，甚至还遇见一个名叫史蒂夫·乔布斯的年轻人，他那年 29 岁，刚刚推出最早的苹果机。密特朗还参观了伯克利大学、斯坦福大学。不过，奥朗德总统在发表新年致辞和召开记者会之后，出台了"责任合约"，大力呼吁、推行支持企业与创新的政策，而这次加州之行与此一脉相承，这倒是新意所在。

中国之行

我本人长期关注亚洲事务，尤其是中国的事务。两度参与法国总统的中国之行：1983 年陪弗朗索瓦·密特朗总统、2013 年陪弗朗索瓦·奥朗德访华，因此想对法国总统的中国之行多花一些笔墨。

1964 年 1 月 27 日，戴高乐将军成为率先与中华人民共和国正式建立外交关系的西方国家元首。事实上，1949 年 10 月中华人民共和国成立后，共产主义的中国始终受到西方国家的抵制。到 2014 年，中法建交整整五十周年。倘若戴高乐将军在世，他一定会乐意访问中国，可是在他有生之年，戴高乐将军从未去过中国，从未见到毛泽东。

1973 年 9 月，乔治·蓬皮杜成为首位访华的法国总统。他在访问期间受到毛泽东的接见（9 月 12 日）。艾蒂安·马纳克时任法国驻华大使。蓬皮杜总统当时已经身患重病（1974

年 4 月 2 日去世），但他依然坚持抱病出访，因为此行对于他秉承戴高乐将军传统、实施法国的对华政策至关重要。他在中国逗留将近一周（9 月 11~17 日），参观了几个省。毛主席当时也体弱多病，没有陪他到外地访问，周恩来总理承担了这项任务。

乔治·蓬皮杜于 9 月 11 日抵达北京[1]，人民大会堂当晚举行盛大欢迎宴会，大约 700 位嘉宾出席，一百多张圆桌簇拥着主桌。法国总统坐在周恩来总理身边，邓小平也在场。乐队高奏两国国歌，席间演奏了拉莫和德彪西谱写的曲子。

第二天，乔治·蓬皮杜与周恩来总理政治会谈之后，毛泽东主席会见了他。法国方面，由于外交部长米歇尔·若贝尔次日才能与代表团会合，因此由国务秘书让·德·利普科夫斯基陪同蓬皮杜总统参加这次历史性的会见。晚上观看芭蕾舞《红色娘子军》，江青出席，她一改穿"中山装"的常态，出人意外地穿着长及小腿肚的灰色连衫裙[2]。

完成北京部分的正式访问之后，蓬皮杜总统在周恩来总理陪同下，坐专列去山西北部的大同，参观云冈石窟。随后乘伊尔 -18 飞机来到杭州，游览西湖。最后到达上海，当晚举行300 人参加的晚宴，中方代表向"英勇抗击法西斯入侵、解放祖国的法兰西人民"表示敬意。第二天蓬皮杜总统坐车快速浏览南京路和黄浦江边的外滩之后，登上 DC-8 型喷气式客机回国，中途在伊朗停留四个小时，国王设晚宴招待。

蓬皮杜总统离开上海的时候，天在下雨，几千人在机场送行。姑娘们一身白色衣裤，发髻上插着花朵，挥动白色围巾，翩翩起舞，代表团一行冒雨通过欢送的队列。蓬皮杜最后一个

---

1 皮诺切特将军那天在智利发动军事政变，周恩来总理第一时间向法方通报轰炸总统府、阿连德被害的消息。

2 米歇尔·科塔．第五共和国的秘密记事本．第一卷．巴黎：法亚尔出版社，2007：429.

登上飞机。他微笑着，雨水顺着脸颊滑下来，晶亮的水珠挂在鼻尖和下巴上。飞机滑上跑道，周恩来总理一行和法国大使艾蒂安·马纳克依然留在停机坪，目送飞机起飞。雨越下越大，总理的外套长裤几乎可以拧出水来。远处的 DC-8 飞机冲向云空，大家湿漉漉地握手道别。[1]

这次访问中，中法两国之间唯一的真正分歧是柬埔寨。周恩来没有能说服蓬皮杜总统。法国不承认西哈努克为首的柬埔寨王国民族联合政府。西哈努克当时在阿尔及利亚，公开表示对蓬皮杜访华的不满："只要他在北京，我就留在阿尔及尔。中国人民的朋友不一定是我的朋友。"[2]

瓦雷里·吉斯卡尔·德斯坦担任总统期间，也去过一次中国，那是在 1980 年 9 月。吉斯卡尔·德斯坦总统见到了中国新的实力人物邓小平。

吉斯卡尔·德斯坦访问持续时间比较长，去了好几个地方：北京肯定要去的，他还去西安参观了兵马俑，然后去了西藏和上海。吉斯卡尔·德斯坦总统在西藏逗留了两天，随行的有夫人安娜－艾莫内、当时二十岁的小女儿雅森特、副官和规模很小的代表团。中国的外交部长全程陪同。

吉斯卡尔·德斯坦总统青少年时代起，就被第一位乔装改扮进入拉萨的欧洲女性——亚历山大·达维·耐尔——的西藏见闻所吸引。他想亲眼看看这片神奇的土地。飞机从成都起飞，降落在当时离拉萨以南 50 公里的西藏机场。那儿没有舷梯，把木楼梯移到舱门外边替代使用。总统及其随员走下飞机，坐车驶向拉萨市区，中方陪同人员取出随身带来的氧气袋，不时地让他们吸氧气。车队走在蜿蜒的山路上，路过一尊刻在岩石

1　艾蒂安·马纳克，同前，第 522 页。
2　让－马里·冈巴塞雷斯，同前，第 194 页。

上的大佛，给代表团带来莫大惊喜，也让吉斯卡尔·德斯坦总统想起青少年时读过的那些书。他们住在外国贵宾楼，冷飕飕的。吉斯卡尔·德斯坦总统在拉萨听到广播，得知米歇尔·罗卡尔成为总统选举候选人[1]。

从后山进入布达拉宫的石梯非常陡峭，一步步走上去相当辛苦。加之海拔 3700 米，稍微用力都很费劲。法国代表团表现还算可以，总统认为这要归功于——至少对他家人来说是如此——他经常去阿尔卑斯山滑雪，那儿海拔一样高，甚至还高一些[2]。

我本人 2010 年 5 月初去过拉萨，沿着那条著名的后山石梯攀登，直至上面的布达拉宫。同行的两个朋友出现体力不支的情况。尽管我们是坐新修的青藏铁路列车去的——全程花两到三天的时间，按理说这样有利于我们适应高原反应，但是有些人还是不能适应。我的运气不错，在上海的时候，有个中国朋友给了我几粒"特效神药"，据说可以增加血液中的红血球数量，也许是某种红血球生成素。

代表团站在布达拉宫的平台上，居高临下，远眺拉萨。吉斯卡尔·德斯坦总统忽然听到女儿惊叫，赶紧跑过去。"爸爸，我到了布达拉宫就开始拍照，谁知道相机里没有装胶卷。"那年代还没有数码相机。爱丽舍宫的摄影师没有陪总统一行去西藏，中方也没有拍这次布达拉宫之行，因此这次历史性的访问几乎没有留下什么照片，只有一张吉斯卡尔·德斯坦总统与夫人、女儿的合影，没有什么特别的意义。

入夜之后，总统女儿雅森特离开酒店溜达，参观夜幕下的拉萨。

离开西藏之后，吉斯卡尔·德斯坦总统飞往上海，继续他

1　采访共和国前总统瓦雷里·吉斯卡尔·德斯坦（2014 年 3 月 12 日）。
2　同前。

的国事访问。

正是在这次访华之后，瓦雷利·吉斯卡尔·德斯坦毅然决定学习汉语，"以免对世界上使用者最多的一门语言一窍不通"。[1]

弗朗索瓦·密特朗于 1983 年 5 月对中国进行国事访问。他也见到了邓小平。

那是弗朗索瓦·密特朗第三次来到中国。第一次访问是在 1961 年 1 月，持续 3 周时间，洛朗·迪马和弗朗索瓦·格罗苏夫尔负责筹备组织，弗朗索瓦·格罗苏夫尔单独陪弗朗索瓦·密特朗去中国。弗朗索瓦·密特朗见到了毛泽东主席，率先呼吁法国承认中华人民共和国。离京回国途中，他在德黑兰逗留了两天[2]。

1981 年 2 月他第二次访华，为期超过一周。

介绍 1983 年国事访问之前，有必要提一下弗朗索瓦·密特朗于 1981 年 2 月的中国之行，当时法国的总统选举正进入高潮，他还利用机会悄悄地——有些人说是秘密地——去朝鲜会见金日成以及在那儿流亡的西哈努克。我作为社会党亚洲事务负责人，为此行作了安排，全程参与，参加了全部会谈。

应邓小平的邀请，弗朗索瓦·密特朗于 1981 年 2 月 9~18 日访问中国。这份邀请由葡萄牙总统和社会党国际主席马里奥·苏亚雷斯转达，因为法国社会党那时候与中国共产党还没有建立正式的联系。访华期间，未来的法国总统同意接受朝鲜主席金日成的邀请，于 2 月 16~17 日不事张扬地前往平壤。

常驻巴黎的朝鲜代表团早就希望邀请弗朗索瓦·密特朗

---

1 同前。

2 采访洛朗·迪马（2014 年 9 月 2 日）。

访问朝鲜，甚至几次把邀请信送到他在朗德省苏斯东村的"拉挈"别墅。我以没有时间、距离遥远为理由来应对，整整拖了两年。但是弗朗索瓦·密特朗这次要去北京，这两条理由自然站不住脚了。

我曾经向利昂内尔·若斯潘[1]建议，弗朗索瓦·密特朗可以利用中国之旅去一趟平壤，而且西哈努克亲王[2]此时正在那儿逗留，很有可能有机会见到他。弗朗索瓦·密特朗表示同意，尽管此举有政治风险（法国处在总统大选的关键时刻），我觉得他渴望一种超越常规的体验，成为唯一能够进入这个封闭的"隐秘国度"、会见金日成的西方高层次政治领袖。

于是我埋头准备此次堪称"俄罗斯套娃"似的"环环相扣"之行：中国，平壤，会见西哈努克。利昂内尔·若斯潘年初把计划跟我说过，问我是否能够筹备此行并陪他们出访。这次访问离总统大选只有几周时间，我意识到它至关重要，于是说"行"，至于如何操作，心里还没有底[3]。

为了筹备这次访问，我在尼斯行政法院办案的间歇时间，见缝插针，几次到巴黎与中国方面接洽。中国驻巴黎大使姚广为我打开大门，让我与隶属中共中央国际联络部，而不是外交部的参赞联系。我和他一起最后敲定这次访问所涉及的政治、礼宾、技术、文化方面的问题。朝鲜那边的访问事宜，我与朝鲜驻巴黎经济代表团磋商，他们还负责联系诺罗敦·西哈努克，确定在平壤跟他会晤的时间。

访华的正式代表团由弗朗索瓦·密特朗、利昂内尔·若斯

1　1979年梅斯大会结束后，利昂内尔·若斯潘一直是社会党二号人物，此时刚当选社会党第一书记，取代成为总统候选人的弗郎索瓦·密特朗。

2　1979年初越南军队入侵柬埔寨，柬埔寨前国王诺罗敦·西哈努克此时在北京和平壤两地流亡。

3　我此时在尼斯行政法院担任法官。我上一年从国家行政学院毕业，选择了这个职业。伏尔泰届的同学塞戈莱纳·罗亚尔、米歇尔·萨班也选择从事行政法院的法官工作。

潘、加斯东·德费尔[1]以及我本人组成。作为官方代表团成员，我们参加预先商定的所有会见活动。然后与随团记者一起，来到孔夫子的故乡山东曲阜。

弗朗索瓦·密特朗更想去西安，参观有数千尊兵马俑出土的秦始皇陵墓，不过我告诉他，吉斯卡尔·德斯坦总统1980年10月份刚去过那儿，对于我们身边的三十来名记者来说，有点儿炒冷饭的味道。于是他同意另择地方。与中方组织者沟通后，决定去曲阜，孔夫子公元前五世纪曾经在此生活。我们乘坐毛泽东主席借给我们的专列，车厢内部改装成客厅，沙发扶手上铺着白色的花边蕾丝扶手巾。弗朗索瓦·密特朗因此成为游览孔家陵墓的首位西方领导人。

邓小平知道我们要去平壤见西哈努克，于是在会见中提到了柬埔寨。

这次会见开始几分钟后，记者和摄影师们被请出现场。请他们离开之前，宾客相互寒暄说话，邓小平先问弗朗索瓦·密特朗巴黎的天气怎么样，一路旅途是否顺利，然后有点出人意外地开始解释，"他们把我的座位放在您右边，因为我左耳听力比右耳好。问题是这样一来，我看您看得不太清楚，因为我右眼比左眼好"，他笑着对弗朗索瓦·密特朗说道。

2月18日，高丽航空的一架伊尔62型飞机悄悄地在北京降落，弗朗索瓦·密特朗和小范围代表团登上飞机，没有记者随行。飞机上只有我们，以及朝鲜劳动党国际部负责人 Kim Kyong Sin。弗朗索瓦·密特朗请随记者团访华的社会党机关报《团结报》社长克洛德·埃斯捷同行。

我对这次朝鲜之行的描述会稍微详细些，因为在西方高级别政治领袖中，只有弗朗索瓦·密特朗见过金日成。三十多年

1　加斯东·德费尔，前部长、国民议会社会党党团主席、马赛市市长。

过去了，这次访问依然具有与众不同的历史意义。用现在年轻人的话来说，"事情闹大了"。[1]

飞机抵达平壤，还在滑行中，Kim Kyong Sin 靠近弗朗索瓦·密特朗说："同志，那儿是人民群众。"弗朗索瓦·密特朗保持严肃的神态。他扭头看看我们，略带幽默地重复道："同志们，那儿是人民群众。"飞机此时朝我们的停靠点驶去，我们透过舷窗，已经看见数千人手持花束，在 2 月中旬的黄昏，冒着零下十度的严寒等待我们。

飞机停稳了。弗朗索瓦·密特朗走近飞机舱门，加斯东·德费尔、利昂内尔·若斯潘、克洛德·埃斯捷和我跟在后面。Kim Kyong Sin 给我们每个人递上一束花，我们挥舞花束走下舷梯，眼前欢迎人群也挥舞着花束。朝鲜劳动党的摄影队用电影记录下了这个令人难忘的时刻。

我们刚刚在等候我们的黑色轿车落座，密集的人群就不见了，每个人都飞快地登上停在不远处的大卡车。当天晚上，我们在锦绣山议事堂和金日成一起出席正式宴会。锦绣山议事堂气势宏伟，河水在一边流淌，宽敞的大理石大厅，喷泉，巨大的吊灯。官方宴会厅大得出奇，比凡尔赛宫的镜廊还要大，顶上的吊灯也硕大无比。金日成主席、弗朗索瓦·密特朗和代表团步入大厅，37 桌近 400 名宾客"唰"地一下子站起来，热烈鼓掌。

次日上午，与金日成的会谈安排在主席宫举行。金日成亲自迎接我们，他热情地向弗朗索瓦·密特朗伸出双手。金日成一头浓密的褐发，圆脸，黑框眼镜，穿着中山装，语速缓慢温和，表达清晰，相当引人注目。

1　多年以后，美国前总统吉米·卡特也去过朝鲜。那是在 2010 年、2011 年和 2013 年，但是他见不到金日成，因为后者已经于 1994 年去世。

他显得非常精通国际问题，即将开始的长时间会议让我们充分看到这点。他把我们带到一个大会议厅，墙上挂着一幅色彩浓烈、表现朝鲜山川的大型绘画。

我们围着一张长方形桌子坐下。陪同金日成参加会议的有金永南[1]、朝鲜劳动党中央副书记国际部欧洲司负责人Hyeun DjounKeuk，以及令人意外的朝鲜社会民主党副委员长 Ryeum Kouk Ryeul。

像在中国一样，我担任"书记员"。金日成先谈朝鲜的国内形势，然后说到朝鲜半岛和亚洲的紧张局势，将责任归咎于美国的态度。接着他把话题转到中苏关系上："中国人是我们的战友，苏联人也是。我们和中苏两国都有着良好的关系。"然后他说到欧洲，以及不久前在新德里结束的不结盟国家外长会议。

最后，他终于提到柬埔寨问题，因为他知道弗朗索瓦·密特朗会后将与西哈努克见面。"我们与柬埔寨和西哈努克有着长期的来往。我们不赞成越南入侵柬埔寨，那是侵犯西哈努克的国家。从 1970 年朗诺政变以来，我们对这个问题很了解。当然，越南跟我们关系密切。我们帮助过他们的抗美战争，即使我们的国家还处在分裂状态。胡志明亲自给我写信，请我给他派飞行员。我们照办了。我不认识越南新的领导人，但是我跟胡志明很熟。"

"我们也帮助过西哈努克领导的柬埔寨民族统一阵线。相比之下，我跟他的关系比跟柬埔寨共产党近，"金日成笑着说道，"我在万隆会议十周年庆典上跟西哈努克认识。我们两国从此建立了外交关系。1970 年美国废黜西哈努克，用朗诺取代他。西哈努克成立柬埔寨民族统一阵线，跟朗诺斗争直到

1　金永南时任朝鲜劳动党中央国际部部长和书记。多年以后担任最高人民会议常务委员会委员长。

1975 年取得胜利。

"胜利后，柬埔寨和越南在鹦鹉嘴地区[1]发生边境冲突，那个地方是越南人向西哈努克临时借来的，必须归还。法国人把边界线划得清清楚楚。解放后，波尔布特有过很多错误，犯下了我们绝不赞同的非人道行径。但是这不能成为入侵柬埔寨的理由。"

弗朗索瓦·密特朗对所有这些话题都作出了回应，对欧盟建设也作了几点阐述。

与金日成会谈之后，我们就要与西哈努克见面了。弗朗索瓦·密特朗决定单独跟我一起去见他。我们的车驶向诺罗敦·西哈努克下榻的长寿湖宫。在车上，弗朗索瓦·密特朗请我扼要介绍社会党就柬埔寨问题历次声明的要点、我们与西哈努克的关系、柬埔寨的形势，然后他静静地凝视窗外的风景。长寿湖宫地处平壤郊区，汽车向右拐弯，离开大路，穿过茂密的果树林，沿着一条河继续前行。经过几个哨兵挺立严密把守的哨卡，我们终于看见湖边的这座官邸。

"长寿湖官邸"建于 1974 年，是金日成专门为西哈努克亲王和他的妻子莫尼克公主建造的。这座灰色大理石宫殿坐落在群山环抱的湖边，景色不同凡响。弗朗索瓦·密特朗在这儿与诺罗敦·西哈努克会晤。1979 年 11 月，我在巴黎的社会党总部组织过一次会见，弗朗索瓦·密特朗见过他。

我们出席金日成主持的告别宴会之后，当晚返回北京。2月 16 日，我们游览长城、十三陵，然后启程回巴黎。

尽管我们十分谨慎，但是我们短暂访问朝鲜的消息依然传到了记者那儿，不过法国报刊媒体几乎没有报道。多年之后，

1　鹦鹉嘴是属于柬埔寨的一块狭长地带，与越南南方接壤，两国历史上经常就这块领土的归属发生争议。

2014 年 3 月 12 日，吉斯卡尔·德斯坦总统接受我的采访，我跟他说起这件事，他也十分惊讶。他绝对想不到弗朗索瓦·密特朗会在 1981 年 2 月法国总统选举的关键时刻去朝鲜访问。

我们再回到 1983 年 5 月 3~4 日弗朗索瓦·密特朗对中国的国事访问。我也参加了 1983 年的中国之旅，不过身份是"总统特邀嘉宾"，那就"轻松"多了。以同样身份参加访问的还有艾蒂安·马纳克、罗杰－帕特里斯·佩拉以及马塞尔·帕多瓦尼[1]。

外交部长克洛德·谢松、农业部长埃迪特·克莱松、交通部长法国共产党党员夏尔·菲特曼等陪同出访。

我很高兴与艾蒂安·马纳克重逢，1973 年，他陪蓬皮杜总统访华之后在大溪地休假，我在那儿与他结识。当时我作为国家乡村经济处农业工程师，以技术援助志愿者的身份在法属波利尼西亚服兵役。我痴迷于中国文化和历史，在中文学校报了名，埋头学习汉语。我打算服完兵役后去中国，从报纸上获悉艾蒂安·马纳克住在大溪地的一个酒店，我就给那家酒店打电话，看看是否能约他见个面。接线员把电话直接转到他的房间，第二天他和妻子德尼丝接待了我。他告诉我很多关于中国的信息。我最终没有按计划去中国，不过在 1981 年总统选举期间，我重新与艾蒂安·马纳克取得了联系。

这次访问期间，我认识了罗杰－帕特里斯·佩拉，我们结为好友。1984 年我陪达尼埃尔·密特朗访问中国，再次高兴地见到他。1989 年 3 月 7 日下午，他身体不适被送入医院，我跟他通了电话，他几小时之后突发心肌梗死去世。我无疑是

1　艾蒂安·马纳克，前外交部亚洲－大洋洲司司长、前驻华大使、1981 年法国总统大选期间弗郎索瓦·密特朗竞选小组的顾问。罗杰－帕特里斯·佩拉是弗郎索瓦·密特朗的狱友和抵抗运动战友。马塞尔·帕多瓦尼是《新观察家》驻罗马记者。

最后跟他通话的人之一。

我们出访的第一站是尼泊尔的加德满都。法国总统首次对尼泊尔作正式访问。总统府亚洲事务顾问或者外交部亚洲－大洋洲司认为尼泊尔对于法国的利益至关重要吗？我不这么想。不过弗朗索瓦·密特朗肯定会寻思，假如不乘访华之机去加德满都走一趟，以后绝不会有机会去的，我觉得那是人之常情，不难理解。伊莎贝尔·洛里安时任尼泊尔使馆的首席秘书，后来成为外交部亚洲－大洋洲司的司长。

飞行途中，我看到克洛德·谢松给充气床垫打气，把它放在机舱中间走道上，然后直挺挺地躺在上面。当时的总统专机的确没有现在的这么舒服。

抵达加德满都后，我们得知代表团另一架飞机降落时把起落架撞坏了。这架飞机除了运送部分工作人员之外，还装着带有法国总统府专属印记的餐具。那时候总统出访，必定在东道国举办答谢宴会。无论访问哪个国家，只要驻该国的法国使馆没有刻着法国总统府专属印记的餐具，总统就会把爱丽舍宫（在吉斯卡尔·德斯坦总统决定禁止外运之前）或者外交部（在颁布禁运决定之后）的银器和餐具带过来。

这样一来就要把飞机里的银器、餐具以及关键的工作人员转移到总统专机上来，相对"次要"的器材和人员就得离开总统专机。那些人只能留在加德满都，等待飞机修复，眼睁睁失去跟总统同时抵达中国的荣幸，心里会有多么失落啊！礼宾官夜间会到我们的卧室个别通知。幸亏我没有被叫醒，这就意味着我能留在总统专机上，和他同时抵达中国，参加全部的访问活动。东方语言学院的汉语教师玛丽－克莱尔·贝热尔不走运，只能在加德满都离开总统专机，由驻尼泊尔使馆的文化专员希尔薇·塞尔旺－施赖伯照顾她。

继 1981 年 2 月筹备、陪同弗朗索瓦·密特朗访华之后，在 5 月法国总统选举之前再次跟他一起回到中国，令我十分高兴。这次访问过程中，弗朗索瓦·密特朗会见了中国最高领导层，包括 1981 年见过面的邓小平主席和中共中央总书记胡耀邦。

"总统特邀嘉宾"的日程安排比较宽松，于是我忙里偷闲，拉上罗杰－帕特里斯·佩拉、马塞尔·帕多瓦尼，去一家小饭店吃饭。这家饭店二楼有个小露台，离紫禁城后面的鼓楼不远，靠着湖边，一座古色古香的千年石桥近在咫尺，周围尽是胡同。那天饭店里只有我们三个人吃饭。今天这个地方成了北京的时尚之地，酒吧、餐馆林立，到了夏天，游客们蜂拥而至。

这座餐馆是 1978 年我初到北京时发现的。那年我作为国家行政学院的实习生，在法国驻华大使馆实习，在北京住了10 个月。我是大使馆接收的第一位长期实习生。

我们三人都穿着便服在饭店吃饭，我没有系领带。当时我们不知道饭后要直接与总统会合，去人民大会堂参加正式的仪式。阴差阳错，我居然不系领带，就跟总统出席了一次官方仪式。如果事先知道，我绝对不会这么做。总统府副秘书长克里斯蒂安·索泰为此说了我几句，"总统让我跟您说的"他补充道。我也回敬了他一句："假如你们工作到位，事先把路线安排和时间节点告诉我们的话，我们自然提前准备的。"

这次访问期间，弗朗索瓦·密特朗终于去了西安，看到了秦始皇（公元前 221—公元前 206 年在位）陵墓附近的兵马俑。

当选总统之前，雅克·希拉克也去过中国，那是在 1978年 9 月。法国驻华大使克洛德·阿尔诺请我陪同雅克·希拉克和他的妻子贝尔纳黛特，我情不自禁地想说一下那一周的情况。我当时即将结束在大使馆的实习。1976 年，雅克·希拉克辞去总理一职，只担任巴黎市长。北京市长吴德[1]邀请他作为巴黎市长来访。

那是我实习的最后一个星期，初次见到希拉克夫妇，我既高兴又有些失望。因为我原先打算利用这周时间，坐火车走西伯利亚铁路的蒙古线，经乌兰巴托、莫斯科返回巴黎。痛失良机之后，实现这个夙愿的机会再也没有出现过。

于是，我陪雅克·希拉克参加正式会谈、参观名胜、会见法国侨民社团、走访出产苹果的人民公社。他后来还记得我，数十年之后，他还会叫我"北京使馆的国家行政学院实习生"。访问期间发生过两件事，令我记忆尤深。第一件事是参观人民公社的时候当地事先的布置。那些"女农民"可能是演员，长得漂亮，而且化了妆，脖子上系着红围巾，在那儿笑盈盈地摘苹果。另一件事也发生在这次参观期间，我跟贝尔纳黛特·希拉克私下闲聊，她对我说："冈巴塞雷斯先生，您千万别忘了我要跟您说的这句话。我的丈夫会成为共和国总统。"多么准确的预测啊，当时是 1978 年 9 月，17 年之后，即 1995 年，雅克·希拉克当选为共和国总统。

雅克·希拉克任总统期间四度访问中国：1997 年 5 月、2000 年 10 月、2004 年 10 月和 2006 年 10 月。

2000 年秋天，雅克·希拉克访问中国，江泽民主席盛情邀请他访问自己的家乡扬州，陪他游览瘦西湖和汉陵苑。结束参观的时候，雅克·希拉克意犹未尽，提出看看隋代修建的京杭大运河。浏览过程中，不由地聊起隋朝究竟出过几位皇帝。中方代表团中有人说隋朝只有过两位皇帝：隋文帝和隋炀帝。"不对，"雅克·希拉克立刻提出异议，"隋朝出过三位皇帝。末代皇帝叫隋恭帝，607-608 年在位。"第二天——10 月 23

1　译者注：吴德（原著误成彭真）同年十月被免去市长职务。

日——江泽民和雅克·希拉克共进早餐，他对希拉克坦言道："昨天晚上我查了一下。您说得对，隋朝确实出过三位皇帝。"雅克·希拉克很是得意。

此次扬州之行是中方安排的，以感谢贝尔纳黛特和雅克·希拉克去年对江泽民主席的款待：1999 年 10 月 24 日，他们曾私人邀请江泽民主席到他们的碧迪城堡作客。私密的碧迪城堡洋溢着温馨的气氛，壁炉里炉火闪耀。在手风琴伴奏之下，中国主席与贝尔纳黛特·希拉克欣然起舞，跳了一段华尔兹。雅克·希拉克还向江泽民主席赠送一台蒂勒制作的手风琴。

扬州的晚宴安排在一家酒店举行，宴请 80 个人，不如碧迪城堡那样私密，不过晚宴以及传统的音乐和舞蹈表演之后，中国主席给来宾们带来个性十足的惊喜。最后一位男高音表演结束后，江泽民站起身走上舞台，来到男高音身边，接过话筒。男高音轻轻地起了个调子，主席旋即唱起著名的《我的太阳》。大家使劲鼓掌，不等帷幕垂下，他又唱了一遍，法国代表团成员看得目瞪口呆，没想到能亲眼目睹中国主席唱歌[1]。

访问扬州期间，雅克·希拉克见了不少人，后来跟他们保持长期的通信往来。

2006 年 10 月访华时，国家主席是胡锦涛，雅克·希拉克到上海郊区看望已经卸任退休的江泽民。那是一幢漂亮的花园房子。只有十来个人陪着雅克·希拉克和江泽民一起吃饭，其中包括杰罗姆·莫诺、若热兰将军、总统参谋总长、两位译员。谈着谈着，雅克·希拉克问江泽民：

"您怎么看待马克思主义，共产主义对您来说意味着什么？"

"马克思主义是大学生必修的一种理论。共产主义是一种

1　伯努瓦·吕刚，同前，第 82 页。

积极有用的概念。最重要的是有中国共产党，没有党就没有政权，不然我们国家那么大，什么都干不成。中国会像一袋大米，袋子破了，米就会白白地漏到河里。"[1] 江泽民答道。

尼古拉·萨科齐去了中国 6 次。2007 年 11 月首次访华。《快报周刊》记者当时发现，3 个名字不在官方名单上的人也坐进了总统专机：萨科齐的儿子皮埃尔、母亲安德烈，昵称"达杜"、律师蒂埃利·埃尔佐格。2008 年 8 月 8 日，萨科齐出席北京奥运会开幕式，在北京逗留几个小时。同年 10 月 24~25 日，他到北京参加第七届亚欧首脑会议。2010 年 4 月，他出席上海世博会开幕式，结束对中国的国事访问。那次访问持续了三天时间，对他来说是个例外。2011 年 3 月，他到中国参加了国际货币体系改革研讨会。最后在 2011 年 8 月，他以二十国集团轮值主席的身份，对中国进行闪电式访问，会晤胡锦涛主席。只待了 5 个小时。

弗朗索瓦·奥朗德于 2013 年 4 月 25~26 日正式出访中国。他是习近平当选国家主席之后到访的首位西方国家元首，也是弗朗索瓦·奥朗德本人首度访华。陪同出访的有女友瓦莱丽·特里耶韦莱，八位部长[2]，总统邀请的十多位议员和人士[3]，六十多位企业家，九十来名顾问、技术和警卫人员，大约八十名记者。"官方"与"半官方"人员加起来，形成 250 人左右

---

1 采访杰罗姆·莫诺（2014 年 3 月 27 日）。

2 洛朗·法比尤斯（外交部长）、皮埃尔·莫斯科维奇（经济与财政部长）、妮科尔·布里克（外贸部长）、德尔斐娜·巴托（生态部长）、热纳维耶夫·菲奥拉索（高等教育部长）、斯特凡·勒福尔（农业部长）、西尔维娅·皮内尔（手工业与贸易部长）和弗雷德里克·屈韦利耶（运输与海洋部长）。

3 其中有让·皮埃尔·拉法兰（前总理、参议员、法中委员会创始人之一）、玛蒂娜·奥布里（前部长、最近被任命为外交部长中国事务特别代表）、让－雅克·凯拉纳（前部长、罗纳－阿尔卑斯大区主席）、布鲁诺·勒鲁和让－马里·勒冈（议员）、让·贝松（参议员）和我本人。

的庞大代表团，需要动用两架飞机，因为总统专机只有 56 个座位。技术人员、企业家和记者大都坐一号飞机，比总统专机提前到达北京。

我受总统邀请，坐总统专机随官方代表团出访。因此，继 1983 年受弗朗索瓦·密特朗之邀访华之后，我又有机会目睹共和国总统出访的内幕。我看到了两次访问的不同之处，最大的差别是出发与抵达时不再那么拘泥礼仪。1983 年的时候，代表团临行前在华西机场的贵宾候机厅列队等候，总统跟每个人一一握手，然后率先登机。到了 2013 年，代表团成员自己拖着行李，鱼贯进入机舱，弗朗索瓦·奥朗德总统最后登机，起飞前到机舱跟代表团成员们打个招呼。

我登机后发现自己认识这次飞行的机组人员，他们都是军人。2013 年 2 月让-马克·艾罗总理访问柬埔寨和泰国——我参加了那次访问——的飞行任务也是他们完成的。当时跟他们聊天，我告诉他们，我也是军人，上校军衔。他们也认出我了，于是向我敬礼："您好，上校。"伏尔泰届的老同学让-皮埃尔·儒耶、让-雅克·凯拉纳[1]正好在边上，他们吓了一跳。我连忙跟他们解释：我在国防高级研究院完成学业后，根据学院"第九条"被聘为亚洲问题上校专家，分配到设在巴黎军事学院的军事理论及应用中心（CDEF）。

这次出访一开始就出现一些令人哭笑不得的情况。代表团下榻在北京的四季酒店，地处朝阳区亮马桥路，靠近大使馆新址和大使官邸[2]。

飞机于当地时间 9：50 降落，10：30 左右代表团抵达四季酒店。总统在附近的大使官邸下榻。我们必须在 11：00 赶到

1 让-皮埃尔·儒耶是前部长、国家信托储蓄银行行长；让-雅克·凯拉纳是前部长、罗纳阿尔卑斯大区主席。2014 年 4 月初，让-皮埃尔·儒耶被任命为总统府秘书长。

2 法国大使馆原先坐落在北京三里屯，这儿是 1949 年以后建成的使馆区，各国大使馆聚集于此。

法国大使馆，总统与企业家代表团开会，要我们也参加。我们必须在半小时内拿到房卡、取回行李、冲澡、换衣服、前往大使馆，因此动作要快。谁知到了酒店大堂之后，听说我们一下子拿不到房卡，简直惊呆了。惊愕、慌张、抗议之后（总统代表团抵达酒店居然拿不到房卡，实在匪夷所思），还得逆来顺受啊。过25分钟就要跟总统会合了，酒店只能让我们先用水疗馆，里面有集体卫生间和沐浴设施。于是我们这些坐总统专机的议员、商人、嘉宾们，穿着裤衩，到处找喷淋头，打开旅行箱，摊在走道上找衣服、换正装……然后去见总统。基本上没有误点，行李也全都留在酒店的大堂里。幸亏当时记者和摄影师不在场，没有记录并传播这些令人难忘的场景。

这种情况以前是不可能出现的。我心里纳闷，怎么会出现这种"纰漏"呢？有人说是两种现象叠加的结果：爱丽舍宫对出访预算的严格管理以及中方"私营领域"的扩张。事实上，这家酒店完全属于私营，因此其经营管理跟别的酒店是一样的：客人退房、打扫之后，我们才能入住，也就是在13:00左右。我们上午10:00到达，想立即入住的话，就要多订一个晚上，鉴于预算全面吃紧，爱丽舍宫是不会予以考虑的。不过大家之所以感到意外，弄得很狼狈，主要是谁都没料到会这样，而且也没有人通知我们。

我自己也遇到了一点麻烦，差点不能陪共和国总统去中国。事情是这样的：头一天17:30左右，我走进奥利机场的贵宾候机厅，把行李放在负责值机的军人跟前，忽然发现把护照忘在家里了。我顿时懵了！难道只能放弃跟总统出访？我急忙找到礼宾官洛朗·斯特凡尼尼，他跟在场的司机沟通以后认为，总统预定18:00到达机场，专机随后就要起飞，即使出动警车，也不可能在半小时内去巴黎七区取护照、再回到机场。我跟总统外事顾问保罗·让－奥尔蒂斯说了这件事。他说他也遇到过同样的倒霉事，那是弗朗索瓦·奥朗德首次访问美国，护照问题是就地想办法解决的。他建议我先登机再说。所以我将信将疑地上了飞机。

飞机开始降低高度准备在北京降落，我们需要填入境登记表。我没办法填护照号码，签证号码也记不得。不过这难不倒我们。随团的一位通信技术员马上与爱丽舍宫办公室取得联系，因为我们的护照在那儿留过底，几分钟后，就有人在飞机上把我护照的彩色复印件送到我手里。技术创造奇迹啊！我顺利地填完表格，把护照附件别在表格上，交给共和国总统卫队的一位警卫，代表团的护照都汇总到他手里。我觉得问题解决了。

我们见完总统和企业家后，中午在大使官邸吃自助餐，忽然有人走到我跟前问道："您是冈巴塞雷斯先生吗？"我觉得很意外，回答说是的。来人解释道，中方空警和机场边检人员发现少一份护照——也就是少了我的护照，只要拿不到护照，中方就要把我的两位法方同事扣在机场，作为"人质"。我有两种选择，来者对我说，一是坐下午的班机离开中国，对我不持护照进入中国境内这件事，中方只当没看见；二是我让人在十一点（巴黎时间）之前，把护照送到爱丽舍宫办公室，办公室派人立即赶往华西机场，把装在信封中的护照专门交给法航班机的机长，法航班机预计午后（依然是巴黎时间）起飞，当天晚上到达北京。总统卫队会马上从机长手里取回护照，交给中方。如果我不想缩短这次出访行程的话，只能这么做，别无其他选择。这件事是我自己疏忽造成的，我也不能为此惊动总统。我设法给中国大使孔泉打电话，但是没有打通。

现在必须火速行动了，此时巴黎是凌晨6：00左右。我等到7：00叫醒即将投入行动的人员。我拨通助手的电话，她住在郊区，没有我家的钥匙，不过她准备请朋友帮忙，让他骑摩托车在 8：00 左右赶到我的住处，在大厅等候。我必须找到有我家钥匙的人，这样就能把护照交给他，让他送到爱丽舍宫。我请人找到以前照顾我女儿的菲佣，她有我家的钥匙，让她 8：00 前赶到我在巴黎的住处，把书桌上的护照交给在门厅等候的那位骑摩托的先生。与此同时，总统卫队向爱丽舍宫办公室解释如何操作。其中过程并不简单，但不管怎么样，护照行动已经展开。中方有关部门了解情况、得到口头承诺之后，放了法方的两位"人质"。我的护照如期到达。感谢法方有关部门的高效衔接和大力支持，使我能够放下顾虑，与共和国总统一起，继续中国之旅。

第一天的高层会谈之后，共和国总统会见企业家、记者，与各方面进行接触。我发现他没有提到推广法语以及中国人学法语的好处：不仅对法国有好处，而且可以跟法语国家和地区的两亿人进行交流，尤其在非洲，中国对非洲的兴趣与日俱增。25 日晚上回到酒店房间（终于拿到房卡了）后，我决定就这个问题专门给他发一条短信。第二天我们坐飞机离开北京去上海。我又跟他提起这个话题。弗朗索瓦·奥朗德回答说看到我的短信了，是个好主意，他会在上海提到学法语的问题。他不仅说了，而且还说了两次，先是对交通大学 300 名学生说的，然后在淮海中路法国驻沪总领事官邸，对在那儿聚会的法国同胞们又说了一遍。

这次访华有政治目的、经济目的，还有建立人际关系的目的。政治目的是不言而喻的，因为法国和中国是两大强国，都是联合国安理会常任理事国。两国应当就世界的重大问题交换意见，尽可能达成一致。弗朗索瓦·奥朗德希望 2015 年 12 月在巴黎举办世界气候大会，他的建议得到中方的支持。总统这次访华当然也有经济方面的考虑。法国在中国的三大领域（核电、航空、奢侈品）继续签订合同，传统优势得到巩固、新的领域也将开放（食品加工、医疗卫生、生态城市……）。弗朗索瓦·奥朗德在北京参观一家法国中小型企业——贝尔纳控制系统公司，其表明在中国建厂也会给法国增加就业机会。他在上海参观巴斯德研究所的新址，和外贸部长妮科尔·布里克一起为法国健康产业联盟成立剪彩，该联盟集聚了法国大型以及中小型企业，以期在该领域资源共享形成合力。益普森公司董事长马克·德·加利代尔将担任联盟主席。最后，这次访问也旨在建立人际关系，中法双方新的领导人将在未来五年乃至十年中领导各自的国家，因此他们的首次接触只能成功，不容失败。事实上的确做得很成功。中方甚至建议两国领导人夫妇在小范围内再次共进晚餐，这在历史上相对来说是比较少见的。与中国人民的初次接触也是积极的，弗朗索瓦·奥朗德抽空来到不久前成立的上海交大巴黎高科卓越工程师学院，跟 300 名学生见面和对话。

如前所述，弗朗索瓦·奥朗德在上海两次说到法语学习的重要性。他也向中国学生和科研人员做出承诺，保证简化签证的手续、缩短签证申办的时间。最后，在整个访问期间，奥朗德总统为欧盟摇旗呐喊，强调欧盟是世界上最大的经济体，中国应当平衡与欧盟的贸易往来，更多地对欧盟国家进行投资。

访华期间，奥朗德总统花了不少时间，会见在北京和上海的法国社群，以及与中国展开合作的法国企业家。北京举办的国宴上，弗朗索瓦·奥朗德特意向习近平主席介绍弗朗索瓦·亨利·皮诺。皮诺先生告诉习主席，他将把 1860 年英法联军从圆明园抢走的青铜兽首[1]无偿交还给中国。盛大的国宴安排在天安门广场西侧的人民大会堂宴会厅举行，近 500 人应邀出席。晚宴的压轴戏是精彩的音乐歌舞表演，一位女学生唱

1　这两件兽首（兔首和鼠首）于 2013 年 6 月 28 日转交给中国政府，目前陈列在天安门广场东侧的中国国家博物馆。

了约瑟菲娜·巴克的《我有两种爱》等几首法国经典老歌。表演结束后，两国领导人及夫人在热烈的掌声中登上舞台，照例站在艺术家们中间合影。

在访问过程中，我还注意到中国官方重新启用了"红旗牌"轿车。中国领导人以前也用这种轿车。那时候车窗上装有活动窗帘，起到遮挡视线的作用。该款汽车的生产线一度停止运作，最近重新启动，生产一些新款车，不过依然保留老式美国汽车的外形，宽阔的黑色挡泥板，车头上装插着流线型的红旗车标。

几次"特殊的"出访

我们将谈到弗朗索瓦·密特朗 1984 年赴克里特岛会见卡扎菲上校、希拉克 1996 年访问以色列、弗朗索瓦·密特朗和奥朗德分别受加斯东·德费尔（1986 年）和皮埃尔·莫鲁瓦（2013 年）去世干扰的日本之行、尼古拉·萨科齐 2007 年访问梵蒂冈、2012 年弗朗索瓦·奥朗德赴老挝参加亚欧首脑会议。

1984 年 11 月，弗朗索瓦·密特朗赴克里特岛会见卡扎菲上校

1983 年利比亚军队入侵乍得，法国根据与乍得政府签定的军事合作协议，于 1983 年 8 月发起"门塔行动"予以反击。弗朗索瓦·密特朗派洛朗·迪马去特里波利附近的帐篷里会见穆阿迈尔·卡扎菲上校。双方似乎可以达成一致，卡扎菲要面见密特朗。会见预定于 1984 年 11 月 15 日在中立地带克里特岛举行，希腊总理安德烈·帕潘德里欧出面组织，他跟卡扎菲上校很熟。

会见前不久，美国情报机关提醒法方，利比亚军队没有撤

退，反而想利用这次双方领导人会见的机会，向乍得的纵深地带挺进。作为总统府非洲事务顾问，让－克利斯朵夫·密特朗劝父亲放弃克里特岛之行，说卡扎菲出尔反尔、不可信任。弗朗索瓦·密特朗答道："不，我就要去，不过我会改变讲话的基调。我不会说让我们成为朋友，而是说，你如果想打仗，那就打吧。"[1]

我也觉得弗朗索瓦·密特朗此刻很想见一下这位大名鼎鼎、绰号"沙漠之狐"的卡扎菲上校，就像他期望见到金日成那样，曾同意我为他组织了1981年2月的朝鲜之行。

弗朗索瓦·密特朗打算单刀赴会，只带上米歇尔·夏拉斯。总统的秘书波莱特·德克拉纳在出发前夕通知夏拉斯，让他准备跟总统出访，但目的地不详。夏拉斯想从她那儿多套几句话，没门。

"我怎么着装呢？"

"正常着装，就像现在这样。请您明天早上7：00到达爱丽舍宫的门厅。"

第二天早上7：00，夏拉斯准时出现在爱丽舍宫门厅，洛朗·迪马也来了。洛朗·迪马知道内情，而且和安德烈·帕潘德里欧一起筹备此行，于是告诉夏拉斯此行的目的地[2]。洛朗·迪马陪总统来到维拉库布莱，但是没有上总统的飞机。随行人员只有米歇尔·夏拉斯、副官、阿拉伯语译员、总统卫队的两位安全警卫以及居布莱医生。

弗朗索瓦·密特朗问米歇尔·夏拉斯：

"您知道我们去哪儿吗？"

"不知道，没人跟我说过。"米歇尔·夏拉斯答道，想让总

1　卢玛尼亚·乌加琴斯卡，罗萨利尤·普里约.绞杀卡扎菲：战争、秘密、谎言——另一种解读（1969～2011）.巴黎：法亚尔出版社，2013.
2　采访洛朗·迪马（2014年9月2日）。

统自己把话说出来。

弗朗索瓦·密特朗笑着宣布道："我们去克里特岛，去见卡扎菲。"

"可是我对此不太熟悉啊?"

"根本用不着担心。"[1]

飞机 9：30 左右降落，代表团来到伊拉克利翁的一家酒店，这儿空空荡荡，双方将在此见面。安德烈·帕潘德里欧带着 40 多位士兵前来保驾。酒店的四层楼全部给代表团包了。卡扎菲上校最后到达，后边跟着一群利比亚士兵，黑压压的，肯定不下 300 人，包括传奇的美女别动队。他们四下散开，分兵把守每个门口、窗户、楼道上方、走廊尽头、各处门厅、酒店大院⋯⋯

密特朗、帕潘德里欧和卡扎菲及其翻译，走进一间屋子。卡扎菲译员的法语说得很流利。站在走廊上，透过窗玻璃可以看见他们。密特朗趁着茶歇跟米歇尔·夏拉斯说道："差点谈崩，不过会有结果的。"周围全都是利比亚士兵，米歇尔·夏拉斯把自己的担心跟总统说了——假如局面失控，40 名希腊士兵和两名总统卫队的警卫根本打不过对方。万一法国总统被劫持到的黎波里，那就贻笑大方了。"设法减轻压力吧。"密特朗吩咐道。说起来容易，怎么才能做到呢?[2]

密特朗会见卡扎菲的消息，肯定有意无意间泄露出去了，因为各国记者陆续来到克里特岛，他们开始占据酒店大门外面的有利地形等候。米歇尔·夏拉斯灵机一动，计上心头。他在走廊上看到卡扎菲的一位顾问，把他叫住说：

"你们会成为国际媒体的笑柄，你们的总统也可能让人耻笑。"

1　采访米歇尔·夏拉斯（2014 年 4 月 9 日）。
2　同前。

"为什么?"

"法国是世界上第五大强国,弗朗索瓦·密特朗总统只带了两个警卫,同意接受东道国希腊40名士兵的整体安保。但你们却派来300个士兵,别人会说你们的总统胆小怕事,国际媒体肯定会大做文章。"

一语中的!不到一小时,除了美女别动队外,其余的利比亚士兵都不见了。

回程途中,弗朗索瓦·密特朗在飞机上向米歇尔·夏拉斯完整地口述会谈的内容。"我跟您说过我们差点谈崩掉,那是关于科西嘉岛的问题,说起来没人相信。上校对我说:'我希望咱们谈谈科西嘉岛的独立问题。'我回答说:'我来这儿是为了谈乍得问题,不是谈法国领土完整的问题。如果您坚持把这个问题列入会谈议程,我这就走人。'上校再也没有提过这个话题。"夏拉斯拿着笔埋头记录,记了厚厚的一沓纸,交给弗朗索瓦·密特朗[1]。

乍得的局势有所缓和,但是到了1986年,卡扎菲上校忘了自己的承诺,利比亚军队越过乍得境内的北纬16度线,法国的飞鹰行动随后展开。

1996年,雅克·希拉克的以色列之行

希拉克总统的1996年以色列之行起初一帆风顺,按照事先制定的计划,他徒步参观耶路撒冷老城的阿拉伯区,这儿离哭墙不远。一路上,雅克·希拉克按照平时的习惯想跟民众握手,但是以色列警卫人员挡住阿拉伯商贩,不让他们靠近,四周的贴身警卫也不给总统任何自由行动的机会,大量民众挤在古旧的街道里动弹不得。总统只能在垂直相交路口隔着马路向民众招手致意。以色列警察和士兵仗着人多势众,不容分说地

---

1 同前。

把行人和记者推开。

雅克·希拉克忍无可忍，他冲着以色列警卫人员一阵怒喝，明确告诉那些人这儿没有什么危险，事情不能那么做，那简直是在挑衅民众。希拉克还威胁道：假如再这样下去，他就回法国了。陪同雅克·希拉克的外交官及其他官员面面相觑，以色列警卫人员只能松手。希拉克来到属于法国教会的圣安娜教堂，看到里面有武装人员，就拒绝进入教堂。教堂里面确实部署了以色列的军队。几经犹豫之后，以色列士兵撤出教堂。之后法国总统才进入教堂看望长老。

本雅明·内塔尼亚胡总理午餐时表示道歉，称警卫部门的态度是追求完美所致。希拉克称"案子"已经了结，既往不咎。不过他义愤填膺的反应在阿拉伯世界和巴勒斯坦赢得了人心。希拉克第二天访问拉马拉，之后还去了中东地区的叙利亚、约旦，都受到热情欢迎。

弗朗索瓦·密特朗 1986 年、弗朗索瓦·奥朗德 2013 年访问日本期间，两次惊悉友人去世

日本没有给法国的社会党总统带来好运。1986 年 5 月 6 日，出席七国集团峰会的弗朗索瓦·密特朗获悉挚友加斯东·德费尔在家里意外重伤的噩耗。加斯东·德费尔住在马赛圣卡特琳娜街 30 号，那是一幢现代化新楼，他住在七楼，可以俯瞰马赛老港。

加斯东·德费尔是马赛市长，历任内政及权力下放部长、规划部长[1]。5 月 5 日，社会党马赛地方委员会举行联盟执委会议，加斯东·德费尔落选，米歇尔·柏泽主持工作。一整天会议之后，他拖着疲惫的身躯回到家里。6 日凌晨两点左右，他

---

[1] 1981 年至 1986 年，加斯东·德费尔担任这两个部的部长，我是他的办公厅成员。

一个人在家里，不小心被地毯绊倒，脑袋正好撞在中国大瓷瓶上面，砸开一道口子。后来证明这是一次致命的撞击。他在失去知觉前挣扎着拨通了医生的电话。

人们闻讯赶来，砸开大门，立刻把他送进蒂莫内医院，神经科主任罗贝尔·维古鲁医生亲自负责抢救。必须立刻通知正在东京参加西方七国首脑会议的弗朗索瓦·密特朗，马赛市政府秘书长菲利普·圣马尔科负责联系总统。

后来，加斯东·德费尔的妻子埃德蒙·夏尔-鲁拿出一张弗朗索瓦·密特朗的照片，这张照片没有公开过，记录了弗朗索瓦·密特朗在东京听到噩耗时瞬间惊愕的表情[1]。弗朗索瓦·密特朗设法火速赶回法国。在新西伯利亚市短暂停留后，总统专机在 7 日抵达马赛 - 马里尼亚纳机场。总统换乘直升机来到省政府，再驱车直奔医院。黑色官方轿车越过医院铁艺大门时，加斯东·德费尔已经过世。从东京一路赶来的弗朗索瓦·密特朗满脸疲惫，只能接受残酷的现实。他当时刚刚跟雅克·希拉克"左右共治"一周，压力很大，关系也绷得很紧。值此风雨动荡之际，老伙伴加斯东·德费尔撒手归西，离开了他。加斯东·德费尔和弗朗索瓦·密特朗一样，是法国仅存的经受过抵抗运动考验的政治家代表之一[2]。

2013 年 6 月 7 日，还是在东京，弗朗索瓦·奥朗德获悉前总理和法国社会党的总书记皮埃尔·莫鲁瓦去世。皮埃尔·莫鲁瓦对法国的左翼运动产生过深刻的影响。作为里尔市长、北部加莱地方议会主席，他在 1979 年的社会党梅斯大会上力挺米歇尔·罗卡尔挑战弗朗索瓦·密特朗，不过密特朗在 1981 年 5 月当选总统之后，依然任命他担任总理。加斯东·德费尔当时跟我透露过："要是弗朗索瓦·密特朗在 1974 年当上

1　埃德蒙·夏尔-鲁. 那个马赛人. 巴黎：格拉塞出版社，2001：205.
2　塞尔日·拉菲. 加斯东的孩子们. 巴黎：JC·拉戴斯出版社，1989:19～23.

总统，他对我保证过，要让我当总理，皮埃尔·莫鲁瓦当内政部长，可是现在我年纪大，结果反过来了。"弗朗索瓦·奥朗德跟随皮埃尔·莫鲁瓦，参加了法国左翼运动的全部斗争。

奥朗德总统不顾日本方面的礼宾安排，在皮埃尔·莫鲁瓦去世后立刻对媒体表示自己的哀悼，不过特意提前通知了皮埃尔·莫鲁瓦的遗孀。

2007 年尼古拉·萨科齐的梵蒂冈之行

这次访问导致轩然大波，因为尼古拉·萨科齐与罗马教皇本笃十六世会谈时浏览手机短信，而且他让一贯出言低俗的幽默演员让－马里·比加尔加入教皇接见的法国代表团。这样无助于改善他在法国天主教信徒心目中的形象。

2012 年弗朗索瓦·奥朗德的老挝之行

2012 年 9 月，弗朗索瓦·奥朗德赴老挝，出席在万象举行的亚欧首脑会议，并且利用这个机会"双边"会见老挝国家主席。此次老挝之行、会见老挝国家主席，在两国外交关系史属于"首次"。

法国人不太了解亚欧首脑会议这个国际组织，法国的政界也知之甚少。它与联合国、北约组织或欧盟的结构相反，囊括大多数亚洲、欧洲国家，由雅克·希拉克和新加坡前总理李光耀发起，于 1996 年成立，旨在加强亚欧人民的联系，促进民间互相理解。亚欧首脑会议内设亚欧基金，资助文化和高等教育合作项目。五十来个成员国的国家元首或政府首脑，每隔两年举行一次峰会，由亚欧国家轮流担任主席。

我 2011 年 9 月去过老挝，在万象跟法国大使提到这次峰会的准备工作。弗朗索瓦·奥朗德忙于竞选总统，我回国后给他写了一份报告称，假如他当选总统，应该去参加这个峰会，因为一下子可以见到五十来位国家元首和政府首脑。之前没有人跟他说过这个峰会。法国总统候选人只盯着美国的北约峰会、巴西的地球大会，亚欧首脑会议没有任何人关注，竞选办公室对我的建议也没有做出积极的回应。

竞选结束后，情况变了。新任外事顾问保罗·让－奥尔蒂斯从 2012 年 5 月起就担任外交部亚洲－大洋洲司司长，他在奥朗德身边工作，逐渐让总统意识到参加亚欧峰会的重要性，从而表明法国高层对亚洲态度有所转变。于是总统决定前往，不过起初兴致不太高。

直到最后一刻，无论就技术还是后勤层面而言，这次出访都很难组织，因为总统想先到黎巴嫩和沙特阿拉伯走一趟，然后再到万象。鉴于黎巴嫩的安全情况，总统几乎是单独出行，没有邀请嘉宾，也没有部长陪同。部长们——尤其是外贸部长妮科尔·布里克——只能拿着邀请，自己想办法赶到利雅得和万象参加各种会见。

总体来说，弗朗索瓦·奥朗德对参加亚欧首脑会议感到满意，因为他有机会结识了全体与会的领导人。奥朗德对当时心存疑虑的亚洲领袖们发表充满乐观的演讲，打消他们对欧洲和欧元的顾虑。他有机会在很短时间内，与八位亚洲国家元首进行双边会谈[1]，这在其他场合是做不到的。

1　采访保罗·让－奥尔蒂斯（2013 年 11 月 22 日）。

第三部分

近五十年的演变

出访更为媒体所关注

且不说报纸、广播，或总统出访不那么频繁的年代，就和
20世纪50年代末相比，今天的情况也已经发生了翻天覆地的
变化。以前，法国只有一个受当局严格控制的电视频道（法国
广播电视公司）。

在蓬皮杜和德斯坦执政的年代，报纸记者的队伍庞大。许
多报纸后来消失了（法兰西晚报、黎明报等）。私营的广播电
台应运而生。时至今日，信息不仅通过报纸、广播传递，传统
的电视台、滚动播出的新闻频道、互联网乃至各种社交网络都
在传递资讯。因此媒体专员在总统出访时的作用日益重要起来，
对可能在网上造成正面或负面效应的细节的把控也不容小觑，
因为它们会瞬间引爆社交媒体，不等传统媒体做出反应。

如今总统出访的节奏加快，时间缩短（平均为一天半），
加大了记者跟踪报道的难度。

总统出国访问期间，礼宾接待部与媒体公关部联手，考虑
所有涉及记者的问题，当然包括如何让跟踪重要人士的记者直
接联系到被报道的对象。

爱丽舍宫的媒体公关部首先要考虑到各类媒体的时效要
求，使得活动事件与之吻合。这里涉及很多技术问题，所以礼
宾接待部和媒体公关部要做大量的准备工作，处理与媒体相关

的后勤工作。

更为适用的新的物质和技术手段

总统专机无疑属于最能显示法国实力的法宝之一。让总统随时保持与武装力量联系的那些东西也堪称尖端的新装备。

最后，通信工具的变化最厉害。以前需要在地球偏远的地方安装整套的电话交换机，现在只要有加密手机就够了，而且使用更加方便，真是今非昔比啊。

多边峰会与日俱增

今天，国家元首们互相见面的机会比过去多得多。他们可以参加国际组织的许多会议，传统的有联合国、北约、英联邦、欧盟首脑会议、东南亚国家联盟；比较新的国际组织有非洲统一组织、亚洲太平洋经济合作组织、法语国家国际组织、七国集团首脑会议、八国集团首脑会议、东南亚国家联盟 +3、亚欧首脑会议或二十国集团会议。此外，法国总统每年还参加一次法国、英国、德国、西班牙、意大利和波兰的六国元首会议。

以七国集团首脑会议为例

法国在"左右共治"时期参加多边峰会或欧洲多边峰会，是一件风险颇大的事儿。所谓"左右共治"，指的是共和国总统和总理不属于同一个党派，也不同属于执政党，那是两次选举产生的不同结果所导致的。法国经历了三次"左右共治"时期：1986~1988 年，总统弗朗索瓦·密特朗代表左翼，雅克·希拉克总理为右派；1993~1995 年，总统还是弗朗索瓦·密特朗，他任命一位右派人士爱德华·巴拉迪尔担任总理；第三次发生在 1997~2002 年，右派的雅克·希拉克总统，挑选利昂内尔·若斯潘担任总理。

第一次"左右共治"的时候，参加国际会议不那么顺畅。雅克·希拉克不想把抛头露面的机会让给弗朗索瓦·密特朗。但是根据宪法的规定，共和国总统的排位肯定靠前。这种情况下，礼宾规则就显得格外重要。出席欧洲双边峰会或欧洲理事会的时候，弗朗索瓦·密特朗接受雅克·希拉克总理的陪同，但是先要把话说清楚，他希望"飞机上只有一个飞行员"。遇到七国集团峰会或八国集团峰会（那时候尚未出现二十国集团），情况就比较复杂，因为在小范围会议中，每个国家只有一个席位，绝对禁止双雄并立。

1986 年 5 月 4~6 日，"左右共治"后的首届七国集团峰会在东京召开，雅克·希拉克不管那一套，一心想盖过密特朗的风头。1986 年 5 月 16 日，法国刚结束比例代表制议会选举，右派占据国民议会的多数席位。于是他决定非去东京不可。两位行政首脑坐着各自的协和式飞机，分别到达成田机场，日本当局非常为难。两人在这次七国集团峰会上反复冲突，雅克·希拉克挖空心思要与弗朗索瓦·密特朗平起平坐，但是做不到。七国集团会议的礼宾接待很严格，日本礼宾部门执行起来更加铁面无私，客观上成了密特朗总统及其团队的盟友。因为一些关键会议只给每个国家留一个席位，法国根据宪法规定的座次排名，只有总统能坐这个位置[1]。

这次两人剑拔弩张的峰会结束后，由于技术方面的原因，他们走同一条航线经西伯利亚一起回法国。两架飞机中途停靠新西伯利亚，几乎同时降落，前后只相差几分钟。代表团人数又不多，于是在一座经过特意准备的飞机库里休息等待，一位从莫斯科专程赶来的苏联干部陪着我们。飞机技术性停靠过程

---

1 采访于贝尔·韦德里纳（2014 年 3 月 24 日）。于贝尔·韦德里纳时任弗朗索瓦·密特朗的外事顾问。

中，安排了一顿俄式午餐。大伙围着桌子落座，除了苏联干部之外，还有弗朗索瓦·密特朗、雅克·希拉克、雅克·阿塔利（总统特别顾问）、于贝尔·韦德里纳、弗朗索瓦·比容·德莱斯唐（总理外事顾问）和外交部长让－贝尔纳·雷蒙。

先前败下阵来的雅克·希拉克，此时想显摆他对亚洲文化的了解，挽回一点脸面。弗朗索瓦·密特朗从内心讲肯定很感兴趣，但是不想让别人看出自己会师从雅克·希拉克，于是不断地冷嘲热讽。

2014 年 3 月 24 日，我采访于贝尔·韦德里纳，他跟我叙述了那次对话的场景，你来我往、各不相让的对话不禁让人想到乔治·洛特内导演的影片中米歇尔·奥迪亚尔编写的经典台词[1]。他俩说到西伯利亚的气候和历史。

雅克·希拉克："十二世纪初，成吉思汗统一蒙古各部，大概在此渡过鄂毕河，率领大军横扫西伯利亚草原，征服世界，建立了亘古无双、绵延不断的帝国。"

弗朗索瓦·密特朗："是吗？您对这种事感兴趣？"

雅克·希拉克："占领中国前不久，成吉思汗坠马身亡。"

弗朗索瓦·密特朗："他精通马术，居然从马上摔下来？算了吧。"

雅克·希拉克："遗体运回老家的时候，护送灵柩的士兵把沿途的目击者全部杀死，不让他的坟墓被世人知晓。"

弗朗索瓦·密特朗："您打算亲自去找吗？"

活像电影《亡命的老舅们》中的经典台词。

欧盟轮值主席的例子

评论家们认为尼古拉·萨科齐在国际关系方面没有什么明

---

1 乔治·洛特内和米歇尔·奥迪亚尔分别是影片《亡命的老舅们》的导演和对白编写者。

显的建树。他的活动、行为或者言论惹恼过中国、印度、日本、非洲国家、沙特阿拉伯、墨西哥等不少国家。

不过，他 2008 年担任欧盟轮值国主席期间的行动却得到评论家们的一致称赞。所以说，是凯撒的，就还给凯撒吧[1]。

2008 年 7 月，法国成为欧盟轮值主席国。我们国家曾经疏远过欧盟，2005 年全民公决，法国人投反对票，从而否决了由法国前总统瓦雷里·吉斯卡尔·德斯坦主持起草的欧盟宪章。尼古拉·萨科齐就任总统之后，立刻说服欧盟各国通过简化后的"里斯本条约"，那是 2007 年 10 月的事。

法国总统给自己定的目标是做成五项关键的工作：气候 – 能源方案、移民公约、欧洲共同农业政策的移植、欧洲防务暨法国返回北约军事指挥机构以及地中海联盟。在所有这些问题上，他必须获得欧盟其他 26 个成员国的同意，并与德国携手前进，不能惹安格拉·默克尔生气。

尼古拉·萨科齐这次居然成了改革者和外交家。在所有这些工作中，他将得到他的部长让 – 皮埃尔·儒耶的大力帮助。2007 年 5 月至 2008 年 12 月，让 – 皮埃尔·儒耶担任欧洲事务国务秘书。1991~1995 年，他在欧盟委员会工作，是雅克·德洛尔的得力助手，精通欧盟问题。萨科齐必须取悦欧盟各国、欧盟委员会和欧盟议会。

万事俱备，可以刮"萨式旋风"了。2008 年 7 月 10 日，关于环境问题的八国集团峰会闭幕，他从日本回国后立即来到斯特拉斯堡的欧盟议会，整整 50 分钟的演讲，不用提纲也没有提示器，不过之前先跟各党团的主席见了面。欧盟议员们被他迷住了。尼古拉·萨科齐此后又来过欧盟议会，做了三次演

---

1 出自《圣经》新约，原文为"凯撒的东西，当归还凯撒；神的东西，当归还神。"——编者注

讲，议会党团的主席们三次被邀请到爱丽舍宫午餐[1]。

7月13日，他在巴黎大皇宫门前的广场上迎接前来参加地中海联盟成立大会的44位国家元首和政府首脑。国际媒体积极评价地中海联盟的成立[2]。

北京奥运会期间爆发了格鲁吉亚危机。2008年8月7日夜里，格鲁吉亚总统米哈伊尔·萨卡什维利，下令轰炸南奥塞梯及其首都茨欣瓦利。尽管弗拉基米尔·普京总统在北京参加奥运会开幕式，俄国军队9日就出兵介入，轰炸濒临黑海的波季港，几小时之内打退格鲁吉亚军队，然后进入格鲁吉亚，一举推翻了米哈伊尔·萨卡什维利政权。

此时布什即将卸任，在阿富汗、伊拉克陷入战争泥潭的美国作出最低限度的反应。欧盟国家观点分歧，布鲁塞尔杳无音信。尼古拉·萨科齐要有所作为。他给主要的盟国首脑打了电话，与安格拉·默克尔沟通后，未等其他盟国同意，他就飞往莫斯科，与梅德韦杰夫和普京讨论数小时[3]，迫使他们同意，再赶到第比利斯，萨卡什维利终于同意签字。尼古拉·萨科齐向梅德韦杰夫作了通报，然后回到奈格尔海角，他的妻子在那儿有一幢别墅。他整整25小时没有合眼。第二天，外交部长贝尔纳·库什内在布鲁塞尔聚集欧盟各国外长，请他们认可交战双方已经签署的和平协议书，从而拯救了格鲁吉亚。欧盟外交令人刮目相看。

当负债高达8131亿美元的雷曼兄弟公司申请破产，引发次贷危机的时候，尼古拉·萨科齐也四处奔走。美国财政部不愿意出手干预，华尔街陷入一片恐慌。2008年9月22日，尼

---

1 卡特琳娜·奈，同前，第311页。
2 5个月之后，12月27日，以色列对哈马斯控制的加沙地带发起猛攻，为1967年阿以六日战争以来最为惨烈的军事打击。这次攻击，加上缺钱和利比亚事件，可能导致地中海联盟解体。
3 季米特里－梅德韦杰夫时任俄罗斯联邦主席，普京为总理。

古拉·萨科齐到纽约参加联合国全体大会。跟美联储主席——格林斯潘的继任者——本·伯南克共进早餐之后，他意识到危机的严重程度，于是当天在联合国第六十三届全体大会以及当晚的埃利·威塞尔基金会上发言，抨击现有的世界金融体系，初步提出包括新兴国家在内的大国之间合作、联合应对危机的设想。

欧盟委员会及其主席侯赛·马纽埃尔·巴罗索没有看到危机的严重性，因此给法国总统留下了行动的余地。尼古拉·萨科齐坚信必须协调各国的力量才能应对危机。此时已经来不及召集全体欧盟国开会，于是他通知几个属于七国集团的欧洲国家，还请来欧洲央行行长让－克洛德·特里谢、欧盟委员会主席侯赛·马纽埃尔·巴罗索和欧元集团首席执行官让－克洛德·容克。后来有人称之为"四国集团峰会"。法国总统希望自己的欧盟伙伴通过一项援助计划，帮助那些购买美国"不良资产"而陷入困境的银行。德国总理安格拉·默克尔置若罔闻。但是金融危机也波及到德国。英国同样受到冲击，财政大臣戈顿·布朗请国家干预救市。鉴于四国集团峰会没有取得成果，10月12日，尼古拉·萨科齐在爱丽舍宫主持欧元区十六国领导人会议，同时带来了令人意外的嘉宾戈顿·布朗，请他解释他的救市方案。经过持续四个小时的讨论，欧元集团成员国一致通过一项三部分组成的行动计划：向银行和金融机构直接注资、国家对陷入困境的银行进行资本结构调整、国家为银行之间的借贷提供担保。10月15日，在布鲁塞尔首脑会议上，二十七国也采纳了欧元区的行动计划。

尼古拉·萨科齐现在想说服乔治·布什在年底前召开二十国集团峰会。10月17日，他提前离开在魁北克召开的法语国家首脑峰会去见乔治·布什，侯赛·马纽埃尔·巴罗索和克里斯蒂娜·拉加德陪同前往。他把美国总统说服了：二十国集团峰会将于 11 月 15 日在华盛顿召开。10 月 25 日，法国总统在北京出席第七届亚欧首脑会议，43 位领导人在此聚会（欧洲领导人 27 位、亚洲领导人 16 位）。他不遗余力，终于说服中国参加二十国集团峰会。11 月 15 日，世界上二十个经济大国（国民生产总值占全球 90%）的领导人齐聚华盛顿。当然跟布雷顿森林会议不能相提并论，但是二十国集团首脑峰会从此问世，首次邀请了新兴国家参与。

12 月 15 日，法国作为轮值主席国的任期接近尾声，由法国主持的最后一届欧洲理事会通过涉及五大领域的专家总结报告，法国将这些领域纳入欧洲的行动计划。全体欧盟成员国领导人向萨科齐鼓掌致意。西尔维奥·贝卢斯科尼作为长者发言，称赞"法国总统出色地履行了主席的职责"，戈顿·布朗欣然补充道："他的主持精彩无比。"在最后的记者会上，萨科齐意味深长地说道："我非常喜欢我做的那些事。它们不是负担，它使我的胸怀更加开放。180 天，我日夜奔走，到处见人。每个人的意见我都予以考虑，也考虑到妥协的必要性，认识了很多新朋友。为欧洲代言是值得的。"[1]

这段经历尽管与总统出访没有直接联系，但是它从某种角度告诉我们，为什么国事访问和官方出行持续的时间会越来越短。国家元首们经常见面处理危机，或者参加早就定下来的国际会议。半年时间内，萨科齐在巴黎的地中海联盟会议、在魁北克的法语国家首脑峰会、在北京的亚欧首脑峰会、在华盛顿的二十国集团峰会见过上百位国家和政府领导人，更何况还有欧洲的四国集团、十七国集团、二十七国等首脑峰会。

双边访问的时间缩短

随着共和国总统的国事访问和官方出行的频率不断增加，

1　卡特琳娜·奈，同前，第 362～363 页。

出访持续的时间也逐渐缩短。

我已经发现尼古拉·萨科齐正式出访的时间很短，有时候太短了。我把它算在萨科齐个人的性格上，因为听说他不喜欢国外出行。这跟个性当然有点关系，但是我在准备写这本书的过程中，采访了一些礼宾官员，他们告诉我，这种倾向在雅克·希拉克第二届总统任期的中期就出现了，持续到弗朗索瓦·奥朗德。

究其原因有很多。首先是国家领导人互相都认识。前面刚说过，他们参加很多国际会议，有机会见面。今天，国家元首访问某个国家，是为了双边外交或经济的目的、直接处理某个问题或者签订协议，不一定是为了认识东道主。

此外，还要考虑到法国的一个特殊原因，即总统任期从七年缩短到五年。任期的缩短使得法国总统更加关注眼下，迫使他更多地考虑法国的国内政策，使自己的行动尽快产生积极成果，以便为下届竞选连任做好铺垫。尼古拉·萨科齐个性鲜明的行动加剧了这种现象，弗朗索瓦·奥朗德也逐渐接受了这个现实，尽管他很想当一名"寻常"总统。

法国老百姓遇到涉及自身的问题，总是希望总统迅速做出回应。他们对总统更为苛刻，因为总统任期缩短为五年后，总理不像以前那么重要了。因此总统再也不能把很多时间用在法国境外，不能给人留下老是在外国访问的印象。

然而"总统的大部分时间花在欧洲和国际事务上"，弗朗索瓦·奥朗德才上任了三个月就得出这个结论[1]。面对这种情况，用不着延长访问时间，总统出访只会越来越多。

礼宾程序简化，某些做法取消

社会在变化，法国人民要求总统更加亲民，但是也希望总

---

1 采访弗朗索瓦·奥朗德，《玛丽安娜杂志》（2012 年 7 月 7 日至 13 日）。

统的言行举止以及对总统的礼遇无损于他们心目中的国家元首形象，尤其是总统在国外的形象。这种想法当然非法国人民所特有。英国女王访问墨西哥的时候，墨西哥总统竟然把手搭在女王肩上，引起国内媒体和舆论一片哗然。总统的动作看似轻松随意，不料墨西哥民众非常反感，怪他不懂礼数，对女王缺乏应有的尊敬，丢尽了墨西哥的脸。法国人希望总统降低薪水，希望爱丽舍宫的大门向民众敞开，但是他们不愿意取消共和国卫队，不希望失去总统职务的神圣感。

法国民众与尼古拉·萨科齐的误会就是这样产生的。法国老百姓觉得萨科齐有活力，选他当总统。他有些举动有新意，不同于以往的总统，人们也能够接受，但是他做了几件得不到民众原谅的事。第一件就是在"富凯"餐馆举行庆功晚宴。问题不在于"富凯"餐馆，真正熟悉这个地方的人不是很多，弗朗索瓦·密特朗以前也是这儿的常客，而在于跟他庆贺胜利的都是演艺界名流、法国资本主义的富豪们。庆功晚宴之后他又马上坐着"博洛雷游艇"度假，与他此前宣布的"低调行事"背道而驰。于是，在他五年总统任期内，"亮闪闪"这个绰号一直跟着他，像《丁丁历险记》中阿道克船长的橡皮膏那样，甩都甩不掉。2008 年，萨科齐参观农业展览会的时候，有人拒绝跟他握手，他便骂道"傻瓜，你滚开"，后果很严重。谈到公务员考试的时候，他又说了一句很不得体的话："从他们以后承担的工作来看，没有必要读《克莱芙王妃》。"[1]听到这句话，文化爱好者、知识分子当然大吃一惊，普通老百姓也很不满意，因为不分社会阶层和教育程度，他们都认为提高自身的文化修养、让自己的孩子接触文化是一件重要的事情。

尼古拉·萨科齐入主爱丽舍宫之初，对总统职位缺乏正确的认识。在他看来，燕尾服笔挺、脖子上戴着金链的掌门官，

1　玛丽－玛德琳娜·德·拉法耶特的长篇小说，1678 年在巴黎出版。

楼梯上执勤的共和国卫兵，老是跟着总统的礼宾官和副官，晚宴的一些规矩，等等，都没什么用处，都是多余的。一时间爱丽舍宫里人心惶惶，心想这一切都会被取消。幸亏总统府的"环境"逐渐占了上风，因为总统府的运作、国际交往一贯需要有标准、礼宾程序、讲究礼仪礼节，特别需要严密的组织。

至于国事访问和双边的官方访问，近年来在礼宾程序和传统做法方面有所简化。

我们前面说到过，过去总统动身前，官方代表团按照礼宾顺序在贵宾候机厅列队等候，总统来到贵宾厅之后，跟每个人握手致意，然后率先登机。现在不用等，随到随时登机，部长自己拖或提着随身行李。总统上飞机后，到前后两个机舱转一圈，跟大家打个招呼就可以了。

以前，每个国家都有国宾馆，用来接待来访的国家元首、总理或者其他重要人士。这样安排的好处很多，国宾馆通常比较豪华、历史悠久，容易"安保"，后勤服务（餐饮等）一应俱全，主要问题是重要人士及其主要助手们住在里面与外界接触不多。记者、官方代表团其余成员、商贸人士住在别的酒店，不容易见到总统。哪怕总统提出要求，也不容易做到，因为这类国宾馆的安保措施非常严密，完全由东道国说了算，总统也不能在国宾馆会见途经此地的本国侨民。如果住在酒店里，他理论上至少可以在酒店大厅会见侨民。所以法国总统及其贴身警卫逐渐不住国宾馆了，改成在大酒店或者法国大使官邸下榻，代表团则在附近的酒店入住。

总统住进大使正常起居的官邸，根据不同的性格特点，总统和大使之间可能产生一种特殊的关系。法国驻希腊大使皮埃尔－路易·布朗与弗朗索瓦·密特朗就是如此，后者于1985年6月21~22日在希腊出席"雅典－欧洲文化之都"的活动。皮埃尔－路易·布朗曾经是戴高乐将军的助手，担任过国立行政学院院长，职业外交家。他对弗朗索瓦·密特朗谈不上任何好感，可在那次短暂接触之后，却被密特朗迷住了，他很幽默地讲了这段经历。"弗朗索瓦·密特朗在雅典的48小时过得十分愉快……他始终乐呵呵的。他下榻大使馆，也就是到了自己的家；他住进我的卧室，也就是他的卧室。因此我从早到晚都看得见他，他邀请我共进早餐——无微不至的关怀啊。居布莱博士总是悄悄地待在一边，既是守护天使又是江湖郎中，他不声不响，尽管模样活像19世纪的猎场看守人。就在这短短的几个小时里，形成了我后来与国家元首保持的一种牢固的特殊关系，他待我一直很和气，温文尔雅。他觉得在雅典就像度假似的。希腊人准备的节日活动很不起眼，只有梅利纳·梅尔库里的强大气场给淡而无味的浓汤带来一点味道，不过总统觉得很满意。根据日程安排，他去参观一个二流的展览。展会的场景令人惊讶，大家纷纷溜走，总统茫然地看着展品，有点不知所措，四周只剩下一两个陪同的官员，三四个博物馆管理员和我本人。我毕恭毕敬地站在他身后，忽然听到他略带恼火地说道：'哎，大使在哪儿呢？''我在这儿'，我边说边来到总统跟前。他接着又说：'雅克·朗格在哪儿？真正需要他的时候，却总是见不到他的影子。'我马上让几个警卫去把罪人找来，展览实在太差劲，雅克·朗格忍无可忍才躲到外面去了。"[1]

马里尼宫是法国的国宾馆，位于巴黎第八区的马里尼街，靠近爱丽舍宫和博沃广场。1972年，国家从居斯塔夫·德·罗歇尔德男爵手里购得这幢十九世纪的私人豪宅。穆阿迈尔·卡扎菲上校是最后下榻国宾馆的国家元首之一，2007年12月，他作为利比亚国家元首，应尼古拉·萨科齐邀请访问法国。他在马里尼宫的花园里搭起帐篷[2]。胡锦涛2004年访问法国，没

1　皮埃尔－路易·布朗.外交邮袋.巴黎：罗歇出版社，2004：251~252.

2　埃及总统胡斯尼·穆巴拉克于2010年入住，是最后一位下榻马里尼宫的外国总统。

有住马里尼国宾馆，而是选了莫里斯酒店中著名的总统套房。它位于酒店顶层，站在 200 平方米的平台上，杜伊勒里宫花园尽收眼底，抬眼望去就是荣军院和埃菲尔铁塔，在浴室里可以远眺圣心教堂。

尼古拉·萨科齐任期接近尾声时，马里尼宫跟爱丽舍路一带的私人豪宅一样，被改建成办公场所，成为爱丽舍宫的附属用房。马里尼宫保留了餐饮部和两个豪华餐厅，每个餐厅可以接待 10~15 人用餐。

中国的国宾馆是钓鱼台，建于 1959 年。它位于北京城西边的园林中，拥有十几栋具有典型中国风格的楼房，其间溪流蜿蜒，雕龙石桥横卧，四周有围墙，守卫十分严密。

我住过几次钓鱼台，尤其是 1981 年 2 月陪弗朗索瓦·密特朗，1984 年陪达尼埃尔·密特朗入住钓鱼台。记得在当时，中国政府晚上宴请达尼埃尔·密特朗，一位技艺超群的厨师给我们表演拉面的绝活，一个大面团在他手里像杂耍似的上下飞舞，被渐渐地分开、扯细，最后拉出数百根面条。

由于下榻钓鱼台的国家元首们逐渐少了，钓鱼台的楼房如今可以租给跨国公司举办贵宾晚宴、新品发布晚会或者召开研讨会。今天，当某位跨国公司的老总租下钓鱼台的厅堂举办赞助晚会，礼仪小姐身着两边开衩的旗袍迎接宾客的时候，有谁会想到这里曾经是禁卫森严呢？钓鱼台风景秀丽，这儿的餐厅依然用来举办小范围的国宴。2013 年 4 月 26 日，中国国家主席习近平及夫人彭丽媛在此设宴款待弗朗索瓦·奥朗德和瓦莱丽·特里耶韦莱。

希拉克已经悄悄地改到坐落在北京长安大街的新索菲特酒店入住，弗朗索瓦·奥朗德则选择下榻新落成的法国大使官邸，总统代表团全部住在附近的一家酒店，如有必要的话，顾问和部长们几分钟内就能见到总统。

使用刻有法兰西共和国纹章餐具的答谢晚宴不再举办了。以前每次国事访问结束的时候，来访的国家元首会用答谢宴会来"回敬"对方的欢迎宴会，也就是以盛大的官方宴席款待并感谢东道主，这种做法一直持续到希拉克执政的时代。一些大国坚持使用带有他们的君主或共和国徽印的银质餐具举办答谢晚宴不可，认为那是荣誉攸关的事。法国大使官邸一般接待不了大量宾客，即使场地够了，带有共和国徽印的银质餐具还是不够啊，于是法国人用第二架飞机空运爱丽舍宫的餐具和银器，通常还捎带法国香槟，来体面地维持这个传统。

瓦雷里·吉斯卡尔·德斯坦总统在任期届满两年前，把这个做法取消了。他认为如此操作的损耗太大，爱丽舍宫餐具十分珍贵，不应该冒这样的风险。大家都能明白总统的意思。有些餐具价值连城，"飞鸟"茶托值 300 欧元，盘子值 1000 欧元。这套只在重要场合才使用的十九世纪的茶具便价值 1300 多欧元，由塞弗尔瓷窑纯手工烧制，当年不收爱丽舍宫一分钱。别的餐具虽然没有这么贵，不过一个托碟的钱常常可以买一整套餐具，700 欧元一个盘子不稀奇。"樱桃"餐具的单价可以降到 400 欧元，但是蓝色卷边款的盘子不会低于 250 欧元。银餐具也不乏天价，比如专门为爱丽舍宫设计、打造的博艺府家举世无双的镀金银餐具，一个直径 33 厘米的盘子价值 1100 欧元 [1]。

因此，法国使馆得设法在当地搞到餐具，但是缺乏人力物力，使馆经常向外交部求援。于是外交部把不那么昂贵的酒杯、餐盘和银器借给使馆，在总统到达之前运到当地，访问结束后立刻运回巴黎。只有大托盘和配菜盘继续由爱丽舍宫提供，加上食材，需要 20 来个箱子才能装得下，约合 2 立方米，重

---

1 爱丽舍宫的餐具包括 5300 只塞弗尔瓷盘、大约 6000 个车料水晶杯和水瓶，以及 10000 副镀金银、银质和镀银刀叉，后两种刀叉配合最朴素的餐具使用。

达 800 公斤 [1]。

巴黎歌剧院观看演出的传统也消失了，因为国家元首缩短了官方出行的平均天数，他们通常在当地只待一到两个晚上，倒时差比较难，舟车劳顿得不到恢复。双方礼宾部门都收到尽可能少安排晚间活动的要求，因为元首只待一个晚上或者很少几个晚上，几乎没有闲暇时间。还有，头一天或第二天晚上，让元首们硬着头皮看《天鹅湖》《茶花女》、京剧或者歌舞伎，说实话，很多人其实在打瞌睡，因为他们不知看过多少次了。歌剧院晚会的消失得到大家的默认，可谓皆大欢喜。不过偶尔也会重新闪亮登场，比如 2014 年 3 月 27 日，凡尔赛宫的皇家歌剧院举办了一场音乐会，欢迎正式访问法国的中国国家主席习近平。

那天音乐会结束后，弗朗索瓦·奥朗德在小特里亚农宫私人宴请中国国家主席夫妇。中国国家主席夫妇单独与法国总统进餐，三人对坐在圆桌边上。习近平主席坐在弗朗索瓦·奥朗德右边，彭丽媛女士坐在左边。只有两位翻译在场，他们的座位稍微靠后，中方的翻译是一位女士，法方则是年轻的御用翻译贝路易。晚宴由阿兰·杜卡斯掌勺。

另一个传统——半日的"文化拓展活动"——也消失了。国家元首出行计划中，历来考虑加上半天或更长时间的"文化拓展活动"，东道国借此机会向来访的外国元首展示本国的历史遗产或文化杰作，一方面增加东道国的自豪感，同时也能丰富来访贵宾的知识，更好地了解东道国，向东道主表示敬意。但是媒体逐渐刊登诸如《总统慷公众之慨游山玩水》的文章，也就是用纳税人的钱游山玩水，处在经济危机、失业威胁下的

---

1 米歇尔·席夫尔、米歇尔·萨拉赞，同前，第 66 和 213 页。

公民们，越来越不能容忍这种现象。

这个传统在希拉克第一届总统任期时依然存在，他连任之后便消失了。这一转折发生在他最后几次访华时，有一次计划去西安参观兵马俑，结果被取消。其实先遣组已经去了西安做准备，想让酷爱中国文化的雅克·希拉克看一尊几乎完好无损的兵马俑，尤其是陶俑还保存着原来的颜色。实际上，公元前210年，秦始皇驾崩，随葬在陵墓东南西北的兵马俑身上都涂着鲜艳的颜色。但是岁月更替，颜色大多消失殆尽，由此可见让雅克·希拉克目睹这尊陶俑的意义。可惜这部分活动被取消了。

还有一个传统也不复存在，那就是飞越某国领空时向该国政府致电问候。以前，飞机一旦进入某个国家的领空，就应该向该国政府致电表示问候，1997年版的《礼宾人员工作手册》还提到这一点。这种形式感很强的做法在萨科齐总统任职期间被放弃。

"第一夫人"扮演新的角色

毋庸置疑，第一位给总统出访外国带来新意的夫人，非美国总统夫人杰奎琳·肯尼迪莫属。半个世纪前，她迷人的风采、高雅的气质、张扬的个性、无拘无束的女性形象，深得全世界媒体的追捧，有时候甚至压倒了其丈夫的风头。她的"法兰西渊源"也为其形象增色不少。1963年11月22日，在达拉斯遇刺前几个小时，美国总统约翰·肯尼迪在演讲中调侃道，记者感兴趣的不是他，而是他夫人那天的大衣和玫瑰红帽子。此话不假，在那时候，美国女性都模仿她的发型，都设法搞到同样款式的长裙。在杰奎琳·肯尼迪之后，"第一夫人"的媒体曝光度不再那么高了，希拉里·克林顿是个例外，不过那是出于其他原因。随着米歇尔·奥巴马的出现，"第一夫人"再度成为媒体关注的焦点。

"第一夫人"通常成为本国创意产业的"代言人"。因此，2014 年 1 月 28 日，当米歇尔·奥巴马穿着出自外国时装设计师之手的一袭长裙，出现在丈夫做国情咨文演讲的现场，不免令人惊讶，这在美国历史上是史无前例的。米歇尔·奥巴马为出席这次演讲，专门选了巴黎时装设计师阿瑟丁·阿拉亚剪裁的一条墨绿色长裙[1]。那时候奥朗德总统决定于 2 月 11~13 日对美国进行国事访问，米歇尔·奥巴马选择这款裙装，可以被视为向法国致意，也可以被看成是对即将来访的瓦莱丽·特里耶韦莱的挑战，跟她在着装和媒体影响力方面的一比高低。2013年底，当米歇尔·奥巴马向阿瑟丁·阿拉亚定制裙装的时候，她不会想到自己穿这件裙装的那一天，即 2014 年 1 月 28 日，瓦莱丽·特里耶韦莱已经不再扮演法国第一夫人的角色，因为三天前总统发表声明，宣布与她分手。

杰奎琳·肯尼迪之后，过了很多年，希拉里·克林顿也引起媒体的关注，聚焦的不是她的着装，而是她与其丈夫美国总统比尔·克林顿并行不悖的政治活动和勃勃雄心。莱温斯基事件披露之后，总统与白宫实习女生的特殊关系公之于众，面对丈夫出轨，她不卑不亢的态度也得到全球媒体的同情与尊敬。他们的婚姻经受了考验，她既往不咎，保住了比尔·克林顿的政治生涯。

在地球的另一端，苏共中央总书记、苏联总统米哈伊尔·戈尔巴乔夫的夫人赖莎·戈尔巴乔娃亦非等闲之辈，按理说，她会享有与杰奎琳·肯尼迪旗鼓相当的媒体知名度，而且发展势头很好，但是时间不够了，不久苏联解体。

1　挑战杂志，第 375 期，2014.02.06.

法国第五共和国历届总统夫人们尽管完美无缺，但是在卡拉·布吕尼－萨科齐到来之前，没有哪位总统夫人令世界媒体耳目一新。

第五共和国自从诞生起，尤其从公民普选总统之后，第一夫人在法国成了吃力不讨好的角色。她们必须遵守严格的礼仪规定，官方宴请和国事访问时被尊为上宾，结束之后便退居二线。开始的时候，她们忍气吞声，接受这种既成事实，她们建立基金会，给自己争取一些独立的空间。法国不设第一夫人，吉斯卡尔·德斯坦总统率先给妻子在爱丽舍宫拨了一间办公室，配几名助手，主要工作是回复邮件、制定宴会菜单和邀请嘉宾的名单、组织她自己的出行、履行代表法国的职责[1]。伊冯娜·戴高乐确实也有过一位女秘书和协助处理社会事务的女助手，但是她们都在私人寓所回复她的信件。克洛德·蓬皮杜也是这么做的。瓦雷里·吉斯卡尔·德斯坦开创的风气延续到弗朗索瓦·奥朗德。不过如今的环境变了（婚姻、家庭、女性地位等），这种过时的做法也随之发生了很大变化。2014 年 1 月底，弗朗索瓦·奥朗德与瓦莱丽·特里耶韦莱分手，取消她在爱丽舍宫的办公室，关闭了她的官方网站，有名无实的第一夫人在法国实际上已经不复存在，无疑为法国总统制适应当代社会做了一份贡献。

但是这不妨碍我们回顾以往的第一夫人、她们在丈夫或男友身边所起的作用。安娜－艾莫内·吉斯卡尔·德斯坦、达尼埃尔·密特朗、贝尔纳黛特·希拉克各不相同。

安娜－艾莫内·吉斯卡尔·德斯坦是率先而且唯一扮演

1　采访共和国前总统瓦雷里·吉斯卡尔·德斯坦（2014 年 3 月 12 日）。

丈夫"特派员"角色的总统夫人，这种做法违反第五共和国迄今的准则。瓦雷里·吉斯卡尔·德斯坦决定让妻子登台亮相。她几乎走遍了法国的省份，还出访安道尔、纽约、罗马和新加坡。她甚至在安道尔签署过一份正式协定。这种角色使她成了众矢之的，给她带来的只有苦恼。然而1981年以来，她却成为最少被人提及的第一夫人，这一点令人费解[1]。

达尼埃尔·密特朗是一位有信念的女性，参加了其丈夫投入的所有战斗。在长达14年的两届总统任期期间，她接受了爱丽舍宫的游戏规则，表面上维持婚姻，保住了脸面，保全了弗朗索瓦·密特朗的第二个家庭。但是她拒绝"第一夫人"的称号，更喜欢被称为"共和国总统夫人"。与此同时，她创建法兰西自由基金会，捍卫过一些非常特殊的人士（撒哈拉威政治犯、库尔德人、菲德尔·卡斯特罗），在当时的第三世界享有斗士的声誉。

贝尔纳黛特·希拉克多年来"忍辱负重"，1979年当选科雷兹省议员以及后来发起儿童健康储蓄行动，奠定了自己的地位。这对于改善她丈夫国内的形象起到了一定作用，总体上对右翼也有所帮助，但并没有引起国际媒体的真正反响，尽管2006年11月19~22日正式访问法国的柬埔寨现任国王诺罗顿·西哈莫尼，在11月20日爱丽舍宫的宴会上间接提到了儿童健康储蓄行动。我当时应邀出席了这场款待柬埔寨国王的盛大晚宴。

对弗朗索瓦·密特朗而言，达尼埃尔·密特朗在法国的行动有利于争取一部分左翼力量，但是从国际层面来看，她颇为极端的政治行为，有时候反而会削弱总统的国际行动，法国与摩洛哥的关系就是一例。

1　罗贝尔·施耐德.第一夫人们.法国：贝然出版社，2014：118.

尼古拉·萨科齐当选总统时的妻子塞西莉亚·萨科齐，也给尼古拉·萨科齐的国际行动造成一定的麻烦，不过主要是因为个人行为的关系，而不是出自政治的原因。2007年8月，萨科齐夫妇去美国度假，住在新罕布什尔州沃夫博乐的朋友家里，那儿离布什家族的夏季别墅80公里。塞西莉亚·萨科齐称自己咽炎发作，让法国总统一个人去布什夫妇的牧场吃饭。第二天，狗仔队拍到她在沃夫博乐城里悠哉购物的照片，丝毫看不到咽炎的征兆。世界各国的媒体纷纷指责"这种缺乏教养的行为"，以及对布什一家的侮辱。

后来，我们之前讲到过，2007年10月访问摩洛哥，摩洛哥国王安排了两国元首夫妇之间的非常私密的晚餐，塞西莉亚·萨科齐在此前几天表示要离婚，当然又没有陪丈夫赴宴。其实，在丈夫当选总统之前，塞西莉亚·萨科齐已经坦言："我觉得自己不是第一夫人的料，好讨厌啊。"她有话在先了。

达尼埃尔·密特朗、贝尔纳黛特·希拉克之前的第一夫人们则是顺从这种模式，伊冯娜·戴高乐显然不觉得有任何问题，其余几位似乎有些抵触。克洛德·蓬皮杜称爱丽舍宫是一栋"倒霉的房屋"。安娜-艾莫内·吉斯卡尔·德斯坦在丈夫当选总统的当天，似乎脱口而出"我此时皈依教门"，随后7年尽力扮演着丈夫期待她的逆来顺受的角色[1]。她后来解释说，自己在心里把爱丽舍宫看成修道院，那不是消极的看法[2]。

至于卡拉·布吕尼-萨科齐，不管你喜欢与否，有一点必须承认，那就是与萨科齐结婚前，她早就名扬四海。无论走到哪儿，在马拉喀什老城最不起眼的店铺，或是在九龙或西贡的小餐馆，卡拉·布吕尼为提升他们夫妻俩，也就是她丈夫的

1　杰拉尔·库尔图瓦. 爱丽舍宫不再有第一夫人啦！. 世界报，2014.01.29.
2　罗贝尔·施耐德，同前，第107页。

知名度有过很大的贡献。作为一代名模，她的实力摆在那儿，跟法国总统结婚之前，她的裸照也传遍全球。她还是一位得到业界认可的成功歌手，至少在欧洲如此，无怪乎媒体特别热衷共和国总统与演艺明星的这桩跨界婚姻，更何况尼古拉·萨科齐本人还喜欢添油加醋。

对于法兰西共和国的形象而言，这种火爆的局面可能造成灾难性的后果，但是平心而论，卡拉·布吕尼－萨科齐妥善处理了一切，很有智慧。她和蔼可亲、致力于扫除文盲或艾滋病的事业、为人谦虚——无论表面还是实际的谦虚、在英国女王面前"完美无缺"的表现，得到法国民众的欣然认可，法国总统夫妇出访外国时得到国际媒体持续不断和与日俱增的关注。根据她陪同总统出访西班牙、大不列颠和印度的情况来看，总的来说，卡拉形影不离丈夫萨科齐，对于萨科齐总统的形象以及法国的国际声誉，起到了积极作用。

2008 年 3 月，她的平跟鞋、蓝色小礼帽、完美的屈膝礼差点前功尽弃，因为女王等了半个小时，迟迟不见总统夫妇到来，这件事本身已经令人震惊，要是让女王知道他们迟到的原因，就更不得了了。2010 年，《太阳报》《每日邮报》《每日镜报》等英国小报报道说，当时法国总统和妻子卡拉沉缅于卿卿我我，结果忘了时间。这条消息来自《新闻周刊》专栏作家乔纳森·艾特的《一份承诺：奥巴马总统的首年执政》，这本书2010 年在纽约出版，书中披露了卡拉·布吕尼－萨科齐跟米歇尔·奥巴马说的一段悄悄话，她承认自己跟丈夫欢爱，以致于让一名"元首级人物"久等，不过没有指名道姓[1]。英国小报立刻把这件事与法国总统夫妇在温莎堡众目睽睽之下迟到、以及 2008 年 3 月两人访问英国时情意绵绵的样子联系起来。

---

1 乔纳森·艾特．一份承诺：奥巴马总统的首年执政．纽约：西蒙－舒斯特出版公司，2010.

萨科齐总统 2009 年 4 月访问西班牙的时候，卡拉与西班牙王储的妻子莱蒂齐亚站在一起，给这次出访平添一丝妩媚乃至性感。俩人都脚蹬高跟鞋，莱蒂齐亚的鞋跟很高，卡拉的稍微低一些；紧身小礼服，一位穿钴蓝色，另一位则是洋李色的。俩人像超级名模般神态自若，扭动腰肢走上萨尔苏埃拉宫 [1] 的石梯。西班牙《世界报》情不自禁地写道："马德里挡住了拿破仑的进攻，但是 200 年后，这座城市倒在他替身的脚下，或者说倒在他替身的妻子脚下。拿破仑派缪拉将军攻打西班牙首都，显然是犯了一个错误。如果他派约瑟芬过来，历史可能是另一种样子了。" [2]

不过话说回来，连卡拉·布吕尼－萨科齐也觉得受不了。2012 年 5 月 15 日，爱丽舍宫进行总统交接仪式，她告诉瓦莱丽·特里耶韦莱："我真是烦透了这种日子……您想不到这儿有多怕，做好处处挨批的准备吧。"

世界上最著名的女性要属英国女王伊丽莎白二世和安格拉·默克尔，但她俩都不是第一夫人。在英国，伊丽莎白二世不是第一夫人，而是国家元首；而在德国，安格拉·默克尔既不是第一夫人，也不是国家元首。

媒体形成一种追求时效和快速反应的文化，愈演愈烈，互联网以及社交媒体的作用也不容小觑。在这种情况下，第一夫人肩负的媒体使命更大了，米歇尔·奥巴马在美国，卡拉·布吕尼－萨科齐在法国都身体力行，2012 年 5 月 6 日至 2014 年 1 月 25 日，瓦莱丽·特里耶韦莱也有所体验 [3]。

1　西班牙皇家宫殿，在马德里西北方 10 公里的地方。

2　Gala.fr, 2009 年 4 月 28 日，作者瓦雷里·朵曼。

3　2014 年 1 月 25 日，弗朗索瓦·奥朗德正式宣布结束与瓦莱丽·特里耶韦莱的共同生活。1 月 10 日，《更近》杂志刊登有人在杂技路的一栋楼房前分别拍到的奥朗德、加耶照片，证明国家元首与女演员的绯闻不是空穴来风。

然而，一位新人最近出现在世界第一夫人的媒体舞台上，那就是最近上任的中国国家主席习近平的妻子彭丽媛。彭丽媛是中国著名的歌唱演员，参加过50多次国外巡演，享誉世界。

　　彭丽媛以她的魅力、气质以及着装风格（犹如50年前的杰奎琳·肯尼迪那样）引起媒体、社会网络和年轻人的兴趣。

　　因此，彭丽媛、米歇尔·奥巴马和瓦莱丽·特里耶韦莱三位，原本可以在世界舞台上展开一场媒体大赛，因为她们每个人都是展示丈夫形象的一张王牌，都是国家软实力的代表。

　　彭丽媛曾经是著名的艺术家，如今又热心关注卫生健康、教育和残疾人事业，给中南海这处国家领导人居住之地增添了一份迷人的美。

　　米歇尔·奥巴马的自由、现代、关注环保事业，象征性地在白宫花园里种生态蔬菜，巩固了丈夫的形象。

　　至于瓦莱丽·特里耶韦莱，她没有足够的时间走出一条属于自己的路。起先，她曾经摸索过待人接物之道，她不愿意扮演"花瓶"的角色。2012年6月，在拉罗谢尔选区竞选议员期间，瓦莱丽在"推特"上力挺塞戈莱纳·罗亚尔的竞争对手奥利弗·法洛尔尼，公然指责塞戈莱纳·罗亚尔，无疑让弗朗索瓦·奥朗德在国内很是被动。因为一方面，奥朗德总统和社会党支持塞戈莱纳·罗亚尔参加竞选，她的"推特"却反其道而行之；另一方面，塞戈莱纳·罗亚尔是奥朗德的早年女友、他孩子的母亲，现任女友冲着塞戈莱纳·罗亚尔醋意大发，显得总统很弱，没有约束力。瓦莱丽的那份"推特"太过分了，起初没人相信那是真的，现在反过来看，与2014年她与总统分手8个月之后出版的《感谢这一刻》造成的后果相比，这封"推特"根本不算什么。

　　"推特"事件之后，瓦莱丽·特里耶韦莱开始认真"做该做的事了"。通过爱丽舍宫的官网可以进入她的个人网站，可以看出她力图证明这一点，但是实际上她并没有真正找到自己的路。她会在总统身边打个人魅力的牌吗？2013年4月访问中国，令人产生这种联想。她几次与中国国家主席的妻子彭丽媛手挽手亮相，引起媒体格外关注。在上海官方晚宴上，她姗姗来迟，一袭红色长裙，神采飞扬，弗朗索瓦·奥朗德起身迎接，给嘉宾们留下了深刻印象。

可是好景不长，不久弗朗索瓦·奥朗德又担心起来。2013年11月22日，她在法兰西自由基金会举办的达尼埃尔·密特朗奖颁奖会上宣称："达尼埃尔·密特朗是一位拒绝屈服的第一夫人……她关心正义和自由，只听从正义和自由的引导，包括必须表明自己与密特朗总统意见相左的时候……她不会让别人封住自己的嘴。"——说者无心，听者有意啊。

她执掌法兰西自由基金会之后，会不会成为"第三世界主义者"和"环保主义者"？或者成为投身反对妇女儿童暴力的"社会活动家"？这一切我们肯定无从知晓了，因为2014年年初，法国方面突然中断了这场第一夫人的世界"三人赛"：战士销声匿迹，战斗自然偃旗息鼓了。尽管城里有些人还在饭局上异想天开地坚称，法国老百姓希望弗朗索瓦·奥朗德跟女演员朱莉·加耶结为夫妻，实际上奥朗德总统很可能无意再开始一段前途未卜的情感经历，他希望在爱丽舍宫开启单身总统的时代，就像路易·拿破仑·波拿巴、菲利克斯·福尔或者加斯东·杜梅格总统那样[1]。

未来几年，国际第一夫人群的基调将由中国的第一夫人来定，几乎是八九不离十了。

法国将坐在替补席上——除非它不久后再次上场。在这场软实力的博弈中，只有西班牙的莱蒂齐亚可能在边上搅局，因

1　路易·拿破仑·波拿巴从1848~1852年担任共和国总统，菲利克斯·福尔和加斯东·杜梅格总统任期分别为1895~1899年、1924~1931年。

为她的丈夫在胡安·卡洛斯国王宣布让位后，于 2014 年 6 月 19 日成为西班牙国王费利佩六世；俄罗斯那边也有可能出现令人意外的惊喜。

结束语

近年来，法兰西共和国总统的国事访问和双边正式出访的数量在持续增加，但是出访的时间都大大缩短，形式上也不断简化。经济方面的考量变得重要起来，第一夫人（有第一夫人的话）的作用与日俱增。

国家元首用现代通信工具互相联系、频繁参加各种场合的多边会见，对双边正式出访形成挑战。第二次世界大战结束之后，当时除了联合国可以聚集各国领导人、北约和华约能够让某些国家的领导人多边接触之外，几乎不存在多边会见的机会。时至今日，这种机会不但无所不在，而且成为一种规定的项目：联合国和北约依然如故（华沙条约组织已经消失）、欧盟峰会（每年召开4次）、欧盟东方合作伙伴首脑会议、法语国家首脑峰会、八国集团峰会、二十国集团峰会、亚欧峰会、东盟峰会、亚太经合组织峰会、地球峰会或世界气候大会等，不一而足。

我们处在两种方式并存交错的时代，大家都在努力维持这两种做法，不搞一刀切，尽量挤压、浓缩两者所需花费的时间，试图以此来应对双边互访和多边会见泛滥的局面。这种做法是难以为继的。

但是从短期来看，局面不会有很大的改观，因为这个体系不受控制，自我维持的能力很强。除非某位元首因此积劳成疾，到了那个时候，国家元首们——包括德国总理或英国首相——也许才会反思和修正这种做法。

从长远考虑，我们可以设计一个缓慢沿赤道环绕地球的空间站，使得大家总体上保持相等的出行距离，国家元首和政府首脑不用穿宇航服就能迅速进入新型的空间站，出席多边会议。双边互访将完全消失，被采用巨型屏幕的视屏会议所取代，屏幕自带同声翻译功能。法国总统办公室的一堵墙会改为一幅触摸式世界地图，总统想跟某个国家的总统说话，伸手按一下那个国家的地图，对方就会在自己办公室的世界地图系统上，看到法国地图闪亮，接通就能和法国总统通话了。

我们还可以设想在爱丽舍宫、白宫、中南海、克里姆林宫或白金汉宫装上 3D 打印机，这些国家的礼宾部门就能即时寄送可以想象的任何礼品，从安全警卫部门的枪械到防弹汽车，乃至鸡尾酒会上的法式小点心，应有尽有。

就中期而论，总统出访的演变可能不会那么高大上，国事访问或官方访问的次数会少下来，又像以前那样鲜见，从而显得更加隆重。

现在，大多数记者实际上都不跟着总统出访，拿到一大摞新闻图片就够了。总统特邀嘉宾、代表团其余成员马不停蹄地跟随总统活动，其实看不到什么东西。企业家和商界领袖的处境也是如此，他们常常坐不上总统专机，只能搭乘记者的飞机。国营企业的老总一贯陪总统出行，"赞赏"总统为公共领域的合作项目或者协议的谈判助"一臂之力"。但是很多私营企业大老板称，他们不靠总统出访来做生意，有些人甚至认为，总统出访帮了他们的倒忙。众多企业家后悔跟尼古拉·萨科齐访问中东，总统冒犯了沙特阿拉伯的老国王，结果殃及企业，造成不少连带损失。此外，出访的飞机比他们的私人飞机差得太多。于是他们往往以日程安排已满为理由，婉言谢绝陪总统出访的邀请。只有国家控股的企业总裁以及渴望出名的中小企业和中等规模企业设法参加这种有偿的出访[1]。

现在的国家元首们动用大量的人力物力，进行数百次的国外出访。戴高乐将军的外交部长顾夫·德·姆维尔如果在世的话，他肯定会再次问道："这样做有用吗?"

我们完全可以考虑按照大型多边会见的方式来组织双边的国事访问，大幅度降低人力物力的投入、减少代表团的人数，尤其减少企业家和记者的人数。记者之间完全可以轮流分享某些同事获得的图片和讯息，经贸洽谈活动由企业的当地代表参加，因为归根结底跟他们的关系最大。必要的时候，请几位助手、部长和一些企业老总陪总统出席某些会见活动、签署重要的协议或合同。

我们也可以设想，总统府"挑选"一位副总统，专门负责周游世界，每个月做两次双边国事访问，总统任期五年，总共可以出访一百二十次。绝对了不起啊。每次回国以后，副总统办公厅将把该国有待完成的项目，悉数分派给各个部委执行。不想修改宪法的话，我们也可以任命一位副总理或特别国务秘书，专职扮演这个角色，哪怕形式上不能再用"国事访问"这个词，但结果还是一样的，做久了就会得到认可。事实上，外交部长不能完全胜任这个角色，因为他忙于多边会议、处理当务之急（危机、恐怖袭击、争端、人质等），还得筹备并陪同国家元首出访。

1　挑战者杂志，第 374 期，2014.01.30.

这种新型的总统双边出访将依然存在，与此同时，还可以保留或再造一些超级国事访问。比方每年一次，邀请更多的来自各阶层、真正代表法国人民的嘉宾，尤其应该邀请大学教授、艺术家、科学家、匠人、农民、大学生以及更多来自中小企业的企业家。总统以这种超级国事访问，向造访的国家表示敬意，不仅为了突出对方的战略或经济价值，同时也为了尊重对方的历史、文化、地理或民族特点。总统在那儿逗留数日，接见该国的知识分子和艺术家，除了首都之外，还走访一些名胜，关心该国的民众。

总统将以此告诉法国人民，尤其是告诉年轻人，我们不能屈服在"时效至上"的淫威之下，不应该"沉迷"于互联网，而要接触真实的世界，倾听别人的心声，拥抱丰富多彩的世界，"花费时间"不等于"浪费时间"。

因此，这种新型的超级国事访问，将重新赋予其筹备、存在以新的意义和理由，那就是改善人民之间的对话，促进不同文化的交流，加深对他人的理解，从而间接地为实现世界和平做出不懈的努力。

鸣谢

首先衷心感谢法兰西共和国总统弗朗索瓦·奥朗德，他原则上同意我会见他的助手以及爱丽舍宫的工作人员，为撰写本书收集资料。其次，我要感谢总统府秘书长皮埃尔－热内·勒马及其继任者让－皮埃尔·儒耶，感谢总统办公厅主任西尔维·于巴克在总统府内部传达了总统的原则批准。

因此我才能在爱丽舍宫见到伯努瓦·普伽将军、保罗·让－奥尔蒂斯（已故）、洛朗·斯特凡尼尼、伊莎贝尔·西马、索菲·哈特、伊丽莎白·多贝尔、塞尔乔·阿尔巴塞罗、埃弗利娜·里夏尔、埃弗利娜·范·登·内斯特、塞巴斯蒂安·科尼埃，在此一并向他们致谢。

我也格外感谢法兰西共和国前总统瓦雷里·吉斯卡尔·德斯坦，以及洛朗·迪马、于贝尔·韦德里纳、米歇尔·夏拉斯等前部长，感谢他们欣然同意接受我的采访。

最后我要感谢杰罗姆·莫诺、让·蒙佩扎、让－克里斯多夫·贝利亚尔、弗雷德里克·格拉塞、伯努瓦·吕刚、菲利普·博特里、菲利普·卡瑟纳夫、雷蒙·萨西亚、米歇尔·帕皮松中校、克里斯泰勒·阿立克斯、帕斯卡尔·勒布朗以及国家档案馆的诸多团队。

衷心感谢所有给过我相关见证、信息、趣闻轶事，为我提供——或帮我获得——文字及图像资料的人们。

参考书目

艾特·乔纳森

《一份承诺：奥巴马总统的首年执政》
纽约，西蒙－舒斯特出版公司，2010 年

阿玛尔·塞西尔

《至今流年不顺》
巴黎，格拉赛出版社，2014 年

阿塔利·雅克

《一字一句》，第一卷
巴黎，法亚尔出版社，1996 年

阿塔利·雅克

《弗朗索瓦·密特朗》
巴黎，法亚尔出版社，2005 年

让－路易·比安科

《假如我是总统》
巴黎，阿尔班·米歇尔出版社，2010 年。

布朗·皮埃尔－路易

《外交邮袋》
摩纳哥，罗歇出版社，2004 年

布朗士梅松·克洛德

《武元甲大将的马赛曲》
巴黎，米歇尔·德·摩尔出版社，2013 年

冈巴塞雷斯·让－马里

《西哈努克——永不沉没的国王》
巴黎，寻找正午出版社，2013 年

夏尔－鲁·埃德蒙

《那个马赛人》
巴黎，格拉塞出版社，2001 年

夸尼亚尔·索菲

《米歇尔·奥巴马：脆弱的偶像》
巴黎，普隆出版社，2012 年

科塔·米歇尔

《第五共和国的秘密记事本》，第一卷
巴黎，法亚尔出版社，2007 年

德克拉纳·波莱特

《私人秘书：在弗朗索瓦·密特朗身边的 27 年》
巴黎，群岛出版社，2008 年

多西埃·勒内

《国家的钱》
巴黎，瑟耶出版社，2012 年

迪马·洛朗

《打击与创伤》
巴黎，寻找正午出版社，2011 年

杜朗·菲利普

《高级安保》
巴黎，新世界出版社，2014 年

弗洛伊克·弗朗索瓦

《私下的戴高乐》
巴黎，群岛出版社，2010 年

吉斯卡尔·德斯坦·瓦雷里

《权力与人生》

巴黎，同伴十二出版社，2006 年

格吕阿·塞德里克

《将军的各门语言》

巴黎，JC·拉戴斯出版社，2010 年。

居布莱·克洛德，戈诺·米歇尔

《天大秘密》

摩纳哥，勒罗歇出版社，2005 年。

夏尔·戴高乐研究院

《戴高乐将军生平记事》

巴黎，普隆出版社，1974 年。

吕刚·贝努瓦

《风雅之士》

巴黎，阿玛当出版社，2013 年。

马纳克·艾蒂安

《远东回忆录》

巴黎，法亚尔出版社，1983 年。

奈·卡特琳娜

《冲动者》

巴黎，口袋书，2013 年。

乌加琴斯卡·卢玛尼亚，普里约·罗萨利尤

《绞杀卡扎菲：战争、秘密、谎言：另一种解读（1969—2011）》

巴黎，法亚尔出版社，2013 年。

庞克拉齐奥·让－保罗，吉尼亚尔·皮埃尔－亨利

《礼仪与仪式》

巴黎，A 皮顿出版社，2012 年。

普达德·保罗

《在总统的庇护下……》
巴黎，米歇尔·拉封出版社，2014 年

拉菲·塞尔日

《加斯东的孩子们》
巴黎，JC·拉戴斯出版社，1989 年

鲁塞尔·埃里克

《乔治·蓬皮杜》
巴黎，JC·拉戴斯出版社，1994 年

萨西亚·雷蒙

《将军的火枪手》
巴黎，盖纳出版社，2010 年

席夫尔·米歇尔，萨拉赞·米歇尔

《密特朗的爱丽舍宫》
巴黎，阿兰·莫洛出版社，1985 年

施耐德·罗贝尔

《第一夫人们》
巴黎，贝然出版社，2014 年

塞利格曼·弗朗索瓦兹

《掌权的社会党人》，第 2 卷
巴黎，米沙隆出版社，2005 年

唐多内·马克斯姆

《共和国总统的故事》
巴黎，贝兰出版社，2013 年

韦德里纳·于贝尔

《弗朗索瓦·密特朗的多重世界》
巴黎·法亚尔出版社，1996 年